Schluss mit

Heimweh

Was Sie gegen Heimweh tun

können

– ein Selbsthilfebuch

Marion Sonnenmoser

Hinweise und Haftungsausschluss

Dieses Werk ist urheberrechtlich geschützt.

Die psychologischen Methoden, die in diesem Buch beschrieben werden, wurden mehrfach wissenschaftlich untersucht. Sie gelten im Allgemeinen als wirksam und werden häufig im Bereich der psycholo-
gisch-psychotherapeutischen Selbsthilfe und Therapie eingesetzt.
Dennoch kann der Autor keine Garantie für ihre Wirksamkeit geben.

Unerwünschte Nebenwirkungen treten nachweislich nur sehr selten auf.
Der Autor übernimmt für Schäden oder Unannehmlichkeiten, die durch
den Gebrauch oder Missbrauch der Informationen entstehen, keine Verantwortung oder Haftung. Die Nutzung der Informationen und Methoden erfolgt auf eigene Gefahr.

Die Informationen in diesem Buch dienen der Bildung und Selbsthilfe
und ersetzen keinesfalls eine persönliche, qualifizierte, medizinische
oder psychologisch-psychotherapeutische Diagnose, Untersuchung, Beratung oder Behandlung. Beim Vorliegen psychischer Erkrankungen
sollte ein Psychologe, Psychotherapeut oder Facharzt (z.B. Psychiater)
aufgesucht werden.

Das Buch wurde sorgfältig gemäß dem aktuellen Kenntnisstand verfasst. Dennoch übernimmt der Autor keine Gewähr für die Aktualität,
Korrektheit, Vollständigkeit oder Qualität der bereitgestellten Informationen. Er ist jedoch bemüht, Änderungen des Kenntnisstandes zeitnah
in das Buch aufzunehmen.

Impressum

Copyright © 2014 Marion Sonnenmoser
Alle Rechte vorbehalten.
ISBN: 1-4948-8455-0

Dr. Marion Sonnenmoser
Rosenstr. 12, 71696 Möglingen
Internet: schluss-mit-heimweh.jimdo.com

Inhaltsverzeichnis

Vorwort

Heimweh ist weit verbreitet. Nicht nur Kinder und Jugendliche leiden darunter, sondern auch Erwachsene. Viele wissen jedoch nicht, was sie gegen Heimweh tun können.

Dieses Buch wurde für Menschen mit Heimweh und für solche, die ihnen helfen möchten, geschrieben. Es informiert darüber, was Heimweh ist und wie man es los wird. Die leicht verständlichen Texte und Übungen vermitteln unterschiedliche Anregungen und Lösungen, wie man mit Heimweh fertig werden kann.

Es gibt dieses Buch in deutscher und englischer Sprache (Titel der englischsprachigen Ausgabe: „Bye bye homesickness"), jeweils gedruckt und als E-Book.

Begleitend zum Buch gibt es eine Website, auf der zahlreiche Informationen und Tipps zum Thema zu finden sind: **schluss-mit-heimweh.jimdo.com**.

Über Heimweh

Im Folgenden finden Sie Informationen über Heimweh in Fragen und Antworten.

Was ist Heimweh?

Heimweh ist eine Gefühlsreaktion auf die Trennung von der Heimat (d.h. von einem Ort oder von einer Gemeinschaft, die als Heimat und Zuhause empfunden wird).

Was ist das Gegenteil von Heimweh?

Das Gegenteil von Heimweh ist mehr als nur das angenehme Gefühl, *nicht* von zuhause (d.h. von geliebten Menschen, Lebewesen, Dingen und Orten) getrennt zu sein. Es ist die Gewissheit, am richtigen Ort zu sein, das Gefühl, geliebt und akzeptiert zu werden, sowie die Sicherheit, zurecht zu kommen und alles zu haben, was man zum Leben braucht. Auch Geborgenheit, Vertrautheit und Zugehörigkeit, Sinnhaftigkeit und Stimmigkeit, Unterstützung und Identität sowie innere Ruhe, Zufriedenheit und Wohlbefinden gehören dazu.

Wie zeigt sich Heimweh?

Heimweh zeigt sich in ganz unterschiedlichen Symptomen und Zuständen, z.B.:

- Kopfschmerzen und andere Schmerzen, Appetitverlust, Schlafstörungen

- Grübeln, Konzentrationsprobleme, Desinteresse
- sozialer Rückzug, Einsamkeit, Passivität
- Trauer, Kummer, Wut, Gereiztheit, Aggressivität, Niedergeschlagenheit, Verbitterung, Sehnsucht
- Unzufriedenheit, Enttäuschung
- wenig Energie, Hoffnungslosigkeit
- Gefühle des Entwurzelt-Seins, des Verloren-Seins und des Nicht-dazu-Gehörens
- Flucht- und Rückkehrpläne
- Depressionen, Selbstmordgedanken

Kann jeder Mensch Heimweh bekommen?

Ja. Einige Menschen sind jedoch anfälliger für Heimweh als andere. Kinder bekommen recht häufig Heimweh, aber auch Erwachsene sind davor nicht gefeit.

Empfinden Menschen in allen Kulturen Heimweh?

Ja. Heimweh ist universell, d.h. alle Menschen in allen Kulturen kennen es. Es gibt jedoch kulturelle Unterschiede im Hinblick darauf, wie ernst Heimweh genommen wird, wie man es ausdrückt und wie man damit umgeht. Zum Beispiel leiden Menschen aus Kulturen, in denen die Gemeinschaft, das Zusammenleben und die Bindung an die Gemeinschaft und/oder an einen Ort eine wichtige Rolle spielen, relativ schnell und heftig unter Heimweh.

Wann stellt sich Heimweh ein?

Heimweh stellt sich meistens dann ein, wenn es ruhiger um uns wird, z.B. abends. Es stellt sich außerdem ein, wenn es uns nicht gut geht und wir beispielsweise krank, niedergeschlagen oder einsam sind. Manchmal tritt es auch auf, wenn wir jemanden in unserer Sprache sprechen hören, wenn wir Fotos oder Filme von unserer Heimat sehen oder wenn wir ein einheimisches Gericht essen. Kritisch kann es auch an besinnlichen Tagen (z.B. im Advent) und an Feiertagen werden, etwa wenn ein Familien-, Heimat- oder nationales Fest gefeiert wird und wir nicht daran teilnehmen können.

Geht Heimweh von alleine wieder weg?

Bei vielen Menschen verschwindet Heimweh nach einigen Tagen ganz von selbst. Manchmal hält es jedoch auch Wochen und Monate, ja sogar ein Leben lang an.

Nach was kann man Heimweh haben?

Nach allem Möglichen, also z.B. nach einem Ort, einer Landschaft, einem Land oder einem Zimmer, nach Menschen, nach Tieren und Pflanzen, nach Traditionen und Gebräuchen, nach Sprache und Mentalität sowie nach allem, an was man hängt und was man vermisst.

Spielt die Dauer der Trennung von der Heimat eine Rolle?

Generell werden kurzfristige Trennungen von der Heimat besser verkraftet als mittel- oder langfristige. Es gibt aber auch Menschen, die selbst bei kurzen Trennungen von Heimweh befallen werden. Darüber hinaus spielt es eine Rolle, ob eine Trennung begrenzt ist oder nicht. Bei vorläufigen Trennungen ist eine Rückkehr in die Heimat möglich, bei endgültigen Trennungen hingegen nicht. Endgültige Trennungen sind daher wesentlich schwerer zu verkraften als vorläufige.

Hat die Entfernung von der Heimat einen Einfluss?

Es spielt kaum eine Rolle für Heimweh, wie weit weg von zuhause wir uns befinden. Wir können Heimweh haben, wenn wir uns auf der anderen Seite der Erdkugel befinden, aber auch, wenn wir nur wenige hundert Meter von unserem Zuhause entfernt sind.

Spielen die Gründe für das Verlassen der Heimat eine Rolle?

Ja. Heimweh kommt seltener auf, wenn wir uns freiwillig für das Verlassen der Heimat entscheiden, eine Chance darin sehen und positiv dazu eingestellt sind. Auch wenn wir den Wegzug sorgfältig planen und nach unseren Vorstellungen gestalten können, tritt Heimweh nicht so schnell auf. Müssen wir unsere Heimat hingegen unfreiwillig verlassen und haben wir nur wenig Einfluss auf den Wegzug, dann verbinden wir damit negative Gefühle und bekommen ziemlich sicher Heimweh.

Macht Heimweh krank?

Heimweh wird im Allgemeinen nicht als Krankheitsauslöser angesehen. Dennoch kann es verantwortlich sein z.b. für Unwohlsein, mangelnde Energie, Schlafstörungen, Appetitlosigkeit oder übermäßigen Appetit, Schmerzen und Symptome ohne klar ersichtliche Ursache, Gereiztheit, Konzentrationsprobleme, Leistungsminderung, Niedergeschlagenheit, Verstimmungen, Depressionen, Ängste, Hilf- und Hoffnungslosigkeit und viele andere negative Empfindungen und Zustände. Heimwehkranke Menschen fühlen sich wie Blumen ohne Sonne, wie Fische auf dem Trockenen oder wie Liebende mit gebrochenem Herzen; bei einigen wenigen Menschen kann der starke Kummer auf Dauer zu ernsthaften körperlichen und seelischen Erkrankungen und eventuell sogar zum Tod führen.

Wird Heimweh wissenschaftlich erforscht?

Obwohl Heimweh weit verbreitet ist und sehr viele Menschen darunter leiden, wird Heimweh kaum wissenschaftlich erforscht. Ein Grund dafür könnte sein, dass es als Leiden nicht ernst genommen und tabuisiert wird, d.h. wir sprechen nicht darüber und geben es nicht zu (weil es uns peinlich ist). Es wäre jedoch hilfreich, wenn wir offener da-

mit umgehen würden und wenn Wissenschaftler und Heil-
kundige sich stärker damit befassen und praktisch anwend-
bare Therapien entwickeln würden.

Gibt es Medikamente gegen Heimweh?

Nein. Es gibt zwar Menschen, die versuchen, ihren Trennungsschmerz mit Beruhigungsmitteln und Alkohol zu betäuben, aber solche „Therapien" schaden nur und be-
kämpfen nicht die Ursachen.

Was kann hinter Heimweh stecken?

Heimweh geht in manchen Fällen mit psychischen Erkrankungen einher. Dazu zählen z.b. die Anpassungs- und die
Trennungsangststörung sowie Phobien, Angststörungen
und Depressionen. Nur ein Fachmann (z.b. ein Psychologe,
Psychotherapeut oder Psychiater) kann klären, in welchem
Zusammenhang sie mit Heimweh stehen, z.b. ob sie Ursache oder Folge sind und wie man sie behandeln sollte.

**Hängt Heimweh mit dem Alter und dem Charakter
zusammen?**

Mit dem Alter hängt Heimweh nur bedingt zusammen. Es
wird davon ausgegangen, dass jüngere Kinder eher als ältere Heimweh bekommen. Das mag daran liegen, dass ältere
Kinder schon mehr Erfahrungen mit Trennungen haben und
etwas unabhängiger von ihren Eltern sind. Aber: Nicht jedes jüngere Kind bekommt Heimweh, und nicht jedes

ältere Kind ist davor gefeit.

Heimweh kann im Prinzip jeden Menschen jeden Alters befallen. Daher gibt es auch viele Erwachsene im mittleren und höheren Alter, die sich nach ihrer Heimat oder ihrem Zuhause sehnen.

Im Hinblick auf dem Charakter gibt es nur wenige sichere Erkenntnisse. Es heißt, dass Personen, die sehr anhänglich und häuslich sind, die schüchtern und zurückhaltend sind, die relativ unselbstständig und ängstlich sind, eher Heimweh bekommen. Auch die Tendenz, Risiken und Veränderungen zu meiden, fördert Heimweh. Darüber hinaus bekommen Personen, die emotional instabil sind und z.b. zu Depressionen oder Ängsten neigen, eher Heimweh als stabilere Personen.

Lässt sich Heimweh verhindern?

Nur bedingt. Die sicherste Methode besteht natürlich darin, zuhause zu bleiben. Wenn dies aber nicht möglich ist, kann man zumindest Folgendes tun:

- sich sehr gut auf die neue Umgebung und auf die Zeit, die man weit weg von zuhause verbringen wird, vorbereiten (z.b. sich gründlich informieren, sich dort umsehen),

- die Vorbereitungen zum Verlassen der Heimat möglichst selbst planen, durchführen und kontrollieren,

- das Positive sehen (z.B. etwas Schönes in der neuen Umgebung entdecken, die Zeit in der neuen Umgebung als Chance empfinden),

- das Beste daraus machen (z.B. etwas unternehmen oder lernen, positive Erfahrungen sammeln, sich weiterentwickeln und Dinge tun, die in der Heimat nicht möglich wären),

- dafür sorgen, dass es einem gut geht (z.b. sich entspannen, Sport treiben, Musik hören, etwas Leckeres essen, sich mit Freunden treffen),

- sich so gut wie möglich mit der neuen Umgebung arrangieren,

- nicht zurück, sondern nach vorne blicken,

- optimistisch sein, für gute Laune sorgen und so viel wie möglich lächeln oder lachen,

- sich versichern, dass man abgeholt wird, wenn das Heimweh zu stark wird/ eine mögliche Rückkehr einplanen und vorbereiten und nicht alles hinter sich abbrechen.

Was sollte man nicht tun, wenn man Heimweh hat?

- Heimweh verleugnen, ignorieren, unterdrücken oder sich dafür schämen,

- alleine bleiben, sich isolieren, nicht aus dem Haus gehen,

- grübeln, ständig an zuhause denken, dauern zuhause anrufen und intensiven Kontakt halten,
- Medikamente und Drogen gegen Heimweh nehmen,
- negative Gefühle an sich oder anderen herauslassen und sich selbst oder anderen die Schuld für Heimweh geben,
- nur das Negative am Verlassen der Heimat und an der neuen Umgebung sehen,
- der neuen Umgebung und neuen Menschen keine Chance geben,
- sich völlig von Kummer, Verzweiflung und anderen negativen Gefühlen übermannen lassen,
- sich mit Menschen und Gegenständen umgeben und Dinge tun, die das Heimweh verstärken,
- sich nicht helfen lassen.

Was kann man gegen Heimweh tun?

Es gibt kein Allheilmittel gegen Heimweh. Trotzdem kann man eine Menge tun, damit Heimweh besser wird und vielleicht ganz aufhört. Im Folgenden finden Sie Vorschläge, Tipps und Übungen für einen konstruktiven Umgang mit Heimweh oder um einer unter Heimweh leidenden Person zu helfen.

Wichtig ist, dass Sie sie mehrmals ausprobieren und einüben, bis sie so gefestigt sind, dass Sie sich bei einem Anfall von Heimweh sofort daran erinnern und sie einsetzen können. Wählen Sie diejenigen Tipps und Übungen aus, die Ihnen am meisten helfen, und passen Sie sie an Ihre Person, Ihre Bedürfnisse und Ihre Situation an.

Die Tipps sind keine Patentrezepte, sondern lediglich Anregungen. Sie zeigen Ihnen, wie Sie sich selbst und anderen helfen können. Vielleicht bringen Sie sie auch auf Ideen für eigene Strategien, die Sie gegen Heimweh einsetzen können.

Die Wirksamkeit der Tipps hat natürlich ihre Grenzen. Wenn Sie sehr große Probleme mit Heimweh haben, könnte vielleicht etwas Ernstes dahinterstecken – bitte versuchen Sie dann nicht länger, sich selbst zu helfen, sondern lassen Sie sich professionell helfen.

Das Lesen, Ausprobieren und Üben ist vielleicht manchmal mühsam, aber keine Zeitverschwendung – im Gegenteil: Alles, was Sie in dieser Hinsicht tun, kommt Ihnen zugute. Je mehr Sie sich mit dem Thema Heimweh beschäftigen und je mehr Strategien Sie beherrschen, desto weniger werden Sie Heimweh fürchten und desto souveräner können Sie damit umgehen.

Daran erkennen Sie Heimweh

Wenn jemand Heimweh hat, zeigt oder sagt er das meistens nicht direkt. Ein Grund dafür könnte sein, dass es ihm peinlich ist, darüber zu sprechen, und dass er nicht möchte, dass andere davon erfahren.

Manchmal weiß er nicht einmal selbst, was mit ihm los ist. Er merkt zwar, dass es ihm nicht gut geht, aber er kann seine Gefühle nicht einordnen und das Problem nicht benennen.

Wenn Sie folgende Hinweise entdecken, könnte es sein, dass Sie Heimweh haben oder dass eine andere Person Heimweh hat:

- Die Augen sind gerötet, und es wirkt, als hätte die Person geweint/ die Person weint relativ oft.
- Die Person ist niedergeschlagen, sie ist ohne Freude und Energie und hat auf nichts Lust.
- Die Person lächelt oder lacht nicht und ist nie fröhlich, munter oder ausgelassen.
- Die Person ist aggressiv und gewalttätig.
- Die Person wirkt verzweifelt.
- Die Person isst oder schläft zu viel oder zu wenig, sie trinkt zu viel Alkohol, sie nimmt Medikamente und/ oder Drogen.
- Die Person ist mutlos und pessimistisch und bedauert, dass sie ihr Zuhause verlassen musste.

- Die Person zieht sich oft zurück. Sie möchte nirgends mitmachen und unternimmt nichts von sich aus.
- Die Person freundet sich mit niemandem an und bleibt meistens allein.
- Die Person fühlt sich einsam und unverstanden, obwohl sie von anderen Menschen umgeben ist.
- Die Person ist sehr still und grübelt viel.
- Die Person denkt und spricht immer nur von zuhause. Sie will nichts anderes als nach Hause.
- Die Person hat das Gefühl, nicht am richtigen Ort zu sein.
- Die Person sieht keinen Sinn darin, sich an einem fremden Ort aufzuhalten.
- Die Person versucht mit allen Mitteln, nach Hause zurückzukehren.
- Die Person ist leicht reizbar, und ihre Stimmungen schwanken schnell.
- Die Person leidet unter Ängsten oder Panikanfällen.
- Die Person denkt daran, sich etwas anzutun.
- Die Person kann sich schlecht konzentrieren. Sie hat Probleme damit, zu lernen oder Dinge pünktlich und erfolgreich zu erledigen.
- Die Person leistet nicht so viel, wie sie eigentlich könnte.

- Die Person klagt ständig über verschiedene Beschwerden, die jedoch keine klar erkennbare Ursache (z.B. Infektion, Verletzung) haben.

Es gibt sicherlich noch mehr Anzeichen dafür, dass jemand Heimweh hat. Jeder Mensch zeigt seine Gefühle ein wenig anders. Wenn Sie denken, dass Sie oder eine Ihnen nahestehende Person unter Heimweh leidet, zögern Sie nicht, es einzugestehen und sich selbst zu helfen oder sich Hilfe zu suchen bzw. die Person darauf anzusprechen und ihr zu helfen.

Geben Sie Heimweh zu

Heimweh ist etwas, das man nicht gerne zugibt. Es gilt als banal und lächerlich, und viele denken, dass nur Kinder darunter leiden. Tatsächlich kann Heimweh aber jeden Mensch treffen – also auch Erwachsene. Heimweh zu ignorieren, zu verdrängen oder zu leugnen bringt nichts, sondern macht es nur noch schlimmer. Daher ist es besser, wenn Sie es sich offen eingestehen. Sie brauchen sich deswegen nicht zu ärgern oder zu schämen.

Heimweh zu haben ist eine ganz normale Sache, die vermutlich jedem Menschen auf der Welt zustößt. Sobald Sie es sich eingestehen, haben Sie bereits den ersten Schritt getan, um damit fertig zu werden, denn Sie wissen dann, worin Ihr Problem besteht, und können etwas dagegen unternehmen.

Sich Heimweh einzugestehen ist eine Sache, anderen Personen davon zu erzählen, eine andere. Wenn Sie fürchten, dass man Sie auslacht, oder wenn Sie niemanden haben, dem Sie sich anvertrauen können, ist es besser, es zunächst für sich zu behalten.

Da es aber sehr hilft, darüber zu sprechen, können Sie sich z.B. an Selbsthilfegruppen, an Teilnehmer von Internetforen oder an seelsorgerische oder psychosoziale Dienste wenden. Hier können Sie anonym von Ihrem Heimweh erzählen und erfahren, wie andere mit Heimweh umgehen.

Falls Sie jedoch eine Person kennen, der Sie vertrauen und die Verständnis hat, sollten Sie ihr von Ihrem Heimweh berichten. Diese Person kann ein Familienmitglied oder Freund sein, vielleicht auch ein Betreuer, Trainer oder Lehrer. Sie kann Sie beruhigen, trösten und Ihnen vielleicht auch helfen, und außerdem sind Sie dann mit Ihrem Problem nicht mehr ganz alleine auf der Welt.

Haben Sie selbst bitte aber auch Verständnis dafür, wenn eine andere Person Ihnen erzählt, dass sie Heimweh hat. Spielen Sie ihr Heimweh nicht herunter, und lachen Sie die Person nicht aus, sondern hören Sie ihr zu, und versuchen Sie vielleicht sogar, ihr zu helfen. Je offener Sie und andere Menschen mit Heimweh umgehen, desto größer wird die Chance, dass sich das Problem gemeinsam bewältigen lässt.

Übung: Lassen Sie Heimweh zu

Gefühle sollte man nicht unterdrücken, weil sie sonst immer mächtiger werden. Aus diesem Grund dürfen Sie auch Heimweh nicht ignorieren, leugnen oder unterdrücken. Stattdessen sollten Sie sich Ihrem Heimweh stellen. Die folgende Übung kann Ihnen dabei helfen, sich mit Ihrem Heimweh zu befassen und es gleichzeitig zu reduzieren. Sie besteht darin, sich dem Heimweh hinzugeben – allerdings kontrolliert, nämlich nur zu einer bestimmten Zeit und von bestimmter Dauer.

Wenn Sie also Heimweh haben, stellen Sie einen Wecker, der nach 10 bis 15 Minuten (oder mehr/ weniger) klingelt. Ziehen Sie sich dann zurück, und erlauben Sie sich, in diesem Zeitraum Heimweh zuzulassen. Spüren Sie intensiv, wie weh Heimweh tut. Fühlen Sie sich als derjenige bedauernswerte Mensch, der am meisten auf der ganzen Welt von Heimweh geplagt wird, und bemitleiden Sie sich selbst. Weinen Sie, klagen Sie, und zeigen Sie deutlich Ihren Kummer.

Sobald jedoch der Wecker klingelt, beenden Sie diesen Zustand sofort und konsequent. Versuchen Sie, schnell auf andere, neutrale oder positive Gedanken zu kommen. Lenken Sie sich ab, und sorgen Sie für gute Laune.

Sie werden sehen, dass es Ihnen gut tut, Heimweh zuzulassen. Darüber hinaus wird Sie die Erfahrung, dass Sie dem Heimweh jederzeit Grenzen setzen können und Sie sich nicht völlig von ihm vereinnahmen lassen müssen, bereichern.

Wiederholen Sie diese Übung so oft wie möglich. Versuchen Sie, sie sich wie eine Medizin zu verschreiben. Sie ist vor allem dann nützlich, wenn Sie ein Ventil suchen, um Dampf abzulassen. Mit der Zeit werden Sie ruhiger werden, alleine schon weil Sie Ihre Gefühle zulassen und Übungen wie diese kennen.

Bereiten Sie sich gut vor

Unabhängig davon, wohin Sie fahren und wie lange Sie von zuhause fortbleiben, sollten Sie sich gut darauf vorbereiten, um Heimweh zu vermeiden. Versuchen Sie, so viel Einfluss wie möglich darauf zu nehmen, wie Sie Ihr altes Zuhause verlassen und sich Ihr neues Zuhause einrichten. Auch wenn es mit Arbeit verbunden ist: Überlassen Sie so wenig Entscheidungen wie möglich anderen Personen. Denn wenn Sie Ihren Aufenthalt in der neuen Umgebung selbst planen und organisieren und wenn Sie es sich so einrichten, dass alles zu Ihnen passt, können Sie sich besser auf Veränderungen einstellen und behalten die Kontrolle.

Packen Sie Ihr Reisegepäck schon einige Tage vor der Abreise, denn oft fällt einem noch etwas ein, was man vergessen hat. Packen Sie Ihre Sachen möglichst selbst, oder bestimmen Sie, was mit kommt. Das gibt Ihnen Sicherheit und macht Sie ruhiger.

Machen Sie sich ein möglichst genaues Bild von dem Ort, an dem Sie sich aufhalten werden. Dazu können Ihnen Bücher, Prospekte, Landkarten, Videos, Reiseberichte im Fernsehen, das Internet, Gespräche mit Personen, die schon einmal dort waren, und vieles mehr dienen. Falls möglich, fahren Sie vorab dorthin, um sich umzusehen. Auf diese Weise können Sie sich bereits zuhause darauf einstellen, was auf Sie zukommt.

Klären Sie, wer Ihre Kontaktpersonen zuhause und in der fremden Umgebung sind, d.h. an wen Sie sich wenden können, wenn Sie Fragen oder Probleme haben. Notieren Sie die Adressen und Telefonnummern von wichtigen Behörden und Anlaufstellen in Ihrem zukünftigen Aufenthaltsort. Sorgen Sie dafür, dass Sie erreichbar sind, und hinterlassen Sie bei wichtigen Personen Ihre Kontaktdaten.

Prüfen Sie auch immer, ob Sie richtig versichert sind (z.b. Auslandskrankenversicherung) und ob Sie alle Ausweise und genügend Geld haben. Nehmen Sie eine kleine Geldreserve mit, und bewahren Sie sie getrennt vom restlichen Geld auf. Für den Fall, dass Ihnen Ihr Geld oder Ihre Ausweise gestohlen werden, können Sie damit zumindest die Heimreise bezahlen.

Je besser informiert und vorbereitet Sie sind, desto entspannter werden Sie Ihrem Aufenthalt entgegensehen. Sie können zudem Unannehmlichkeiten, Missverständnisse und Enttäuschungen vermeiden. Eine gute Vorbereitung hilft Ihnen dabei, sich einzuleben und die Trennung von Ihrem Zuhause zu verkraften. Sie können sich außerdem besser auf Ihren Job oder andere wichtige Dinge konzentrieren, Sie werden schneller Land und Leute kennenlernen und können Ihren Aufenthalt vielleicht schon bald genießen.

Rückversichern Sie sich

Wenn Sie nur ungern Ihr Zuhause verlassen, dann haben Sie möglicherweise Angst, dass Sie nicht zurückkehren, dass sich in Ihrem Zuhause während Ihrer Abwesenheit etwas verändert oder dass dort etwas Schlimmes passiert. Um solchen Ängsten vorzubeugen, ist es wichtig, alles gut vorzubereiten, sich mit den Personen, die zuhause bleiben, sowie mit den Begleitern oder Betreuern abzustimmen und sich auch während des Aufenthalts oder der Reise gelegentlich rückzuversichern, dass zuhause alles in Ordnung ist.

Wenn es möglich ist, während der Reise oder des Aufenthalts ein Handy oder Smartphone zu benutzen, wird es Ihnen leicht fallen, Kontakt mit zuhause zu halten.

Halten Sie Kontakt mit zuhause, jedoch nicht zu oft und zu intensiv. Sofern alles normal läuft, genügen ein bis zwei Kontakte pro Woche, um sich zu versichern, dass alles in Ordnung ist. Nehmen Sie vielleicht ein bis zwei Andenken (z.B. Fotos) von zuhause mit, jedoch nicht mehr. Die Begrenzungen sind notwendig, weil Sie sich sonst von zuhause nicht lösen und auf die neue Umgebung nicht gut genug einstellen können.

Entspannen Sie sich

Heimweh zu haben ist kein Vergnügen. Man ist niederge-schlagen und kraftlos. Man ist mit den Gedanken zuhause und möchte nur dorthin zurück. Man hat vielleicht sogar Schlafprobleme, kann nichts essen oder leidet unter Kopf-schmerzen. Heimweh hat somit ganz ähnliche Auswirkun-gen wie z.b. Stress am Arbeitsplatz, Liebeskummer oder ein Streit. Es führt dazu, dass Sie angespannt und ver-krampft sind und sich immer unwohler fühlen, je länger es andauert. Langfristig können aus dieser Belastung ernst-hafte körperliche und seelische Probleme entstehen. So weit sollten Sie es jedoch nicht kommen lassen. Heim-weh darf Ihr Leben nicht bestimmen und Sie nicht ernsthaft krank machen. Eine Möglichkeit, um die Auswirkungen von Heimweh und anderen Belastungen abzumildern, be-steht darin, sich regelmäßig und tief zu entspannen.

Entspannung kann man auf ganz verschiedene Arten errei-chen. Die einfachste und natürlichste Möglichkeit, um sich zu entspannen, ist schlafen. Wenn Sie ein paar Stunden oder eine Nacht über ein Problem schlafen, beruhigen Sie sich automatisch und können Ihre Situation am nächsten Tag gelassener überdenken und nach Lösungen suchen.

Für Entspannung sorgen darüber hinaus: ruhige Musik hören, sich locker bewegen oder Sport treiben, schwimmen, in die Sauna gehen, ein Bad nehmen, einen ruhigen oder heiteren Film anschauen, mehrmals tief durchatmen und die Gedanken auf etwas anderes lenken, in die Ferne blicken, Bilder von stimmungsvollen Landschaften betrachten (z.b. Sonnenuntergänge), in der Natur sein, ein heißes Getränk trinken, etwas Gutes essen, mit jemandem über seine Probleme sprechen, die Gedanken und Gefühle aufschreiben, jemanden streicheln oder gestreichelt werden, massiert werden, in den Arm genommen werden, ein Stofftier an sich drücken und vieles mehr.

Sicherlich kennen Sie bereits einiges, was Sie beruhigt. Setzen Sie es ein, wenn Sie Heimweh haben. Probieren Sie darüber hinaus auch immer wieder neue Methoden aus.

Wenn Sie Entspannung gezielt herbeiführen möchten, lohnt es sich, bewährte Entspannungsmethoden zu erlernen. Dazu zählen z.B. Meditation und Konzentration, bestimmte Körperbewegung, Muskelentspannung oder bestimmte Atemtechniken. Sie können sich unter anderem in Ratgeberbüchern, in Zeitungen, im Fernsehen, im Internet, bei Vereinen im Gesundheitsbereich, bei Krankenkassen oder bei Volkshochschulen informieren, welche Angebote es gibt und zu Ihnen passen.

Das Erlernen einer Entspannungsmethode lohnt sich, weil Sie sie immer wieder einsetzen können, wenn es Ihnen nicht gut geht und Sie sich danach sehnen, zur Ruhe zu kommen.

Übung: Legen Sie den Rucksack ab

Diese Übung ermöglicht es Ihnen, sich von Heimweh und Sorgen, die mit dem Heimweh einhergehen, für eine Weile zu entlasten. Natürlich werden Sie dadurch nicht ein für alle Mal von Ihrem Heimweh befreit, denn die Übung kann Ihnen nicht Ihre Sorgen nehmen – aber Sie kann Ihnen zeigen, wie Sie kurzfristig einmal eine Pause von negativen Gefühlen einlegen können, um sich zu erholen.

Sie brauchen übrigens kein schlechtes Gewissen zu haben, wenn Sie sich einmal für einige Minuten oder Stunden die Freiheit nehmen, nicht an Zuhause zu denken.

Üben Sie sich darin, eine Pause vom Heimweh einzulegen. Betrachten Sie es als eine Art Kurzurlaub, der Sie aufmuntern, erfrischen und ablenken soll. Ihre Sorgen holen Sie anschließend bestimmt wieder ein. Sie brauchen sie jedoch nicht mehr zu fürchten, weil Sie wissen, wie Sie sich ab und zu eine Auszeit von ihnen verschaffen können.

Stellen Sie sich vor, Ihr Heimweh, Ihr Kummer und Ihre Sorgen befinden sich in einem schweren Rucksack, den Sie schon seit Tagen oder Wochen auf Ihrem Rücken schleppen müssen und den Sie auch noch eine Weile werden tragen müssen. Er beugt Sie nieder, er krümmt Ihren Rücken und drückt Ihre Lungen zusammen, sodass Sie sich nicht mehr aufrichten und durchatmen können. Ihr Rücken und Ihre Beine schmerzen. Sie fühlen sich unendlich erschöpft und müde und gäben viel darum, diese Last auch nur für einige Minuten oder Stunden einmal ablegen zu können, um sich ein wenig zu erholen.

Dann endlich bietet sich die Gelegenheit: Sie dürfen den Rucksack ablegen. Stellen Sie sich vor, wie Sie ihn neben sich auf den Boden stellen. Auf einmal können Sie sich aufrichten und durchatmen. Die Schmerzen verschwinden allmählich. Sie fühlen sich leicht und frei. Es ist ein Genuss, ohne den Rucksack stehen oder herumlaufen zu können.

Ebenso sollten Sie es mit Ihrem Heimweh tun. Legen Sie es innerlich einfach einmal beiseite. Ignorieren Sie es, denken Sie nicht mehr daran. Stellen Sie sich vor, wie es wäre, wenn es kein Heimweh gäbe. Denken Sie an eine Zeit im Leben, in der Sie kein Heimweh hatten. Erinnern Sie sich, wie Sie sich da fühlten, wie es Ihnen ging. Bleiben Sie eine Weile in dieser Erinnerung, und genießen Sie das Gefühl, kein Heimweh zu haben und sich nicht sorgen zu müssen. Erlauben Sie es sich, sich einfach eine Zeit lang frei, unbeschwert und glücklich zu fühlen – ohne schlechtes Gewissen und ohne an die Vergangenheit oder an die Zukunft zu denken. Seien Sie ganz im Hier und Jetzt. Ruhig. Entspannt. Gelöst. Leicht.

Versuchen Sie, ein paar Minuten konzentriert in diesem Zustand zu verbleiben. Werfen Sie nebenbei in Ihrer Fantasie einen Blick auf den Rucksack, der neben Ihnen steht. Dort befinden sich Heimweh, Kummer und Sorgen. Sie sind gut verpackt und werden Sie wahrscheinlich auch wieder belasten. Aber im Moment sind sie in dem Rucksack verwahrt und nicht bei Ihnen. Lassen Sie den Rucksack noch eine Weile stehen, bis Sie merken, dass es Ihnen besser geht und Sie genug Kraft getankt haben, um den Rucksack wieder aufnehmen und schleppen zu können.

Kehren Sie nun in die Gegenwart zurück. Wahrscheinlich stürzen sofort negative Gefühle und Gedanken auf Sie ein. Sie aber bleiben gelassen und nehmen sie an. Sie setzen sich den Rucksack wieder auf und sind bereit, ihn zu tragen. Sie fühlen sich gestärkt und in der Lage, Ihr Heimweh erneut eine Weile auszuhalten. Und wenn es Ihnen zu viel wird, stellen Sie den Rucksack einfach wieder in eine Ecke und nehmen sich eine kleine Auszeit.

Vergleichen Sie nicht

Beim Aufenthalt in einer fremden Umgebung fängt man fast automatisch an, zu vergleichen, etwa das Essen zuhause mit dem Essen vor Ort, die Leute und vieles mehr. Sofern Sie sehr an Ihrer Heimat hängen und sie nur ungern verlassen haben, finden Sie wahrscheinlich das Meiste, wenn nicht gar alles in der neuen Umgebung schlechter als zuhause. Sie sehen vor allem das Negative, und Sie geben den Menschen, Dingen und Umständen keine Chance, Ihnen jemals zu gefallen. Sie lehnen sie von Anfang an ab, und das bleibt auch so.

Diese Haltung führt jedoch dazu, dass Sie sich zurückziehen, zu nichts Lust haben und schlecht gelaunt sind. Vielleicht sind Sie aber auch reizbar, angriffslustig und verletzend. Auf jeden Fall haben Sie eine negative Ausstrahlung, die die Menschen in Ihrer Umgebung irritiert und sie dazu verleitet, zurückhaltend oder unfreundlich zu sein, was wiederum dazu beiträgt, dass Sie isoliert werden oder viel Streit haben und sich dadurch noch unwohler fühlen. Am Ende wollen Sie vielleicht mit niemandem mehr etwas zu tun haben. Dadurch wird Ihr Leben jedoch sehr kompliziert und einsam.

Das muss es jedoch nicht. Lassen Sie es gar nicht erst so weit kommen, indem Sie Ihre Heimat nicht mit der neuen Umgebung vergleichen. Dies ist nicht einfach, denn der

Vergleich geschieht oft automatisch und nicht unbedingt bewusst – es passiert eben einfach. Deshalb sollten Sie hin und wieder über Ihre eigenen Gedanken nachdenken. Wenn Sie bemerken, dass Sie die neue Umgebung mit Ihrer Heimat häufig vergleichen und dass alle Vergleiche zu Ungunsten der neuen Umgebung ausfallen, hilft nur Selbstdisziplin und vielleicht Folgendes:

Wenn Sie bemerken, dass Sie wieder einmal negativ über die neue Umgebung denken, sagen Sie laut oder leise zu sich selbst „Stopp", „Schluss jetzt" oder „Hör auf damit" (Sie können auch ein anderes Wort benutzen). Verbinden Sie dies vielleicht mit einer Geste oder einer Körperwahrnehmung, indem Sie sich z.b. über die Stirn fahren, als ob Sie den Gedanken wegwischen wollten. Sie können auch kurz und unauffällig in die Hände klatschen, sich ein klein wenig kneifen, die Augen für eine Minute schließen, den Atem anhalten oder sonst etwas tun, das Ihnen hilft, Ihre Gedanken zu unterbrechen und mit dem Vergleichen aufzuhören. Anschließend sollten Sie schnell Ihre Aufmerksamkeit auf etwas anderes richten. Betrachten Sie z.B. das, was direkt vor Ihnen ist, summen Sie eine Melodie, oder bringen Sie sich auf andere Weise auf neutrale oder positive Gedanken.

Sollten Sie sich bei einem Vergleich zu Ungunsten der neuen Umgebung ertappen, können Sie auch Folgendes tun: Denken Sie den negativen Gedanken zwar zu Ende, aber schließen Sie ihm gleich einen positiven Gedanken an. Zum Beispiel: „Das Essen hier ist viel schlechter als zuhause. Aber dafür gefällt mir das Sportangebot." Richten Sie Ihren Blick auf die positiven Seiten der neuen Umgebung, und denken Sie ganz bewusst daran. Auf diese Weise werden Sie innerhalb kurzer Zeit möglicherweise viele angenehme Seiten der neuen Umgebung entdecken und sich bald besser fühlen.

Auch wenn Sie z.b. Ihr Lieblingsrestaurant, Ihr Lieblingskino, Ihr Lieblingsgeschäft und andere Lieblingseinrichtungen oder -plätze (kurz: Lieblingsdinge) vermissen, vermeiden Sie es unbedingt, die Restaurants, Kinos oder Geschäfte (und anderes) in der neuen Umgebung damit zu vergleichen. Das bringt Sie nicht weiter, denn Ihre Lieblingsdinge sind nun mal Ihre Lieblingsdinge, und es gibt keinen wirklichen Ersatz für sie.

Suchen Sie sich stattdessen in der neuen Umgebung neue Lieblingsdinge. Je mehr Lieblingsdinge Sie in Ihrer neuen Umgebung für sich entdecken, und je weniger Sie sie mit Ihren alten Lieblingsdingen vergleichen, desto eher gelingt es Ihnen, sich einzuleben.

Entscheiden Sie sich und stehen Sie dazu

Manchmal geschieht es, dass sich die Erwartungen an einen Aufenthalt in einer fremden Umgebung nicht erfüllen. Zum Beispiel haben Neugier und Abenteuerlust Sie dazu getrieben, Ihre Heimat zu verlassen. Leider ist die Reise aber nicht so großartig, oder die Möglichkeiten, Land und Leute kennenzulernen sind nicht so gut, wie Sie es sich erhofft haben. Sie sind einerseits enttäuscht und würden am liebsten heimfahren; andererseits haben Sie viel investiert und können vielleicht nicht so einfach zurückkehren.

Es kommt auch vor, dass man große Pläne hatte, aber vom Heimweh so sehr geplagt wird, dass man alles hinwerfen möchte. Zum Beispiel hatten Sie vor, eine bestimmte Ausbildung zu absolvieren oder eine bestimmte berufliche Position einzunehmen. Vor lauter Heimweh sind Sie aber so unkonzentriert und kraftlos, dass Sie sogar auf den Ausbildungsabschluss oder die Karriere verzichten wollen. Oder es war die Liebe, die Sie dazu gebracht hat, fortzuziehen. Doch dann stellen Sie fest, dass das Leben fernab der Heimat diesen Schritt nicht völlig aufwiegt.

Solche Situationen sind schwierig. Das Dilemma besteht darin, dass Sie zwei Dinge, die sich nicht miteinander vereinbaren lassen, gleichzeitig wollen. Also müssen Sie sich entscheiden: Was ist Ihnen wichtiger? Das Heimweh zu beenden, zurückzukehren und in der Heimat zu leben?

Oder das Heimweh zu ertragen und zumindest so lange zu bleiben, bis Sie Ihre Ziele erreicht haben?

Damit Sie eine gute, stimmige Entscheidung treffen können, sollten Sie

- viele Gespräche führen,

- Ihre eigenen und die Sichtweisen und Gefühle anderer Personen berücksichtigen,

- sich Zeit nehmen und ausführlich nachdenken sowie

- möglichst viele Argumente (pro und contra; Vorteile und Nachteile) sammeln und sie gegeneinander abwägen, z.B. indem Sie Listen anfertigen.

Es ist oft richtig, auf sein Gefühl zu hören und ihm zu folgen, weil Emotionen sehr stark sein können. Zum Beispiel geben Sie dem Heimweh nach und folgen Ihrem Gefühl, wenn Sie eine Ausbildung abbrechen und ohne Abschluss nach Hause zurückkehren. Es kann aber auch richtig sein, Verstand und Vernunft den Vorrang zu geben und z.b. eine Ausbildung in der Fremde zu Ende zu bringen, auch wenn Sie in dieser Zeit sehr unter Heimweh leiden.

Beides ist jeweils mit Vor- und Nachteilen verbunden. Wichtig ist, dass Sie sich alle Aspekte Ihres Tuns klar machen und sich dann entscheiden. Die Entscheidung muss für Sie alleine stimmig sein, für niemanden sonst.

Eine Hilfe kann es sein, wenn Sie sich Ihre Zukunft ausmalen. Stellen Sie sich selbst vor: in einer Woche, in einem Monat, in einem Jahr. Wer sind Sie? Wie sehen Sie aus? Wie fühlen Sie sich? Wo befinden Sie sich? Spielen Sie verschiedene Zukunftsszenarien durch. Überlegen Sie sich dabei immer, ob es nötig ist, in der Fremde eine Weile zu bleiben, um Ihre Ziele zu erreichen, oder ob Sie sie genauso zuhause erreichen könnten.

Nehmen Sie sich genügend Zeit für Ihre Entscheidung. Zögern Sie sie jedoch nicht unendlich hinaus, sondern setzen Sie sich eine zeitliche Frist (z.b. 2 Wochen oder 2 Monate) oder einen konkreten Termin, bis zu dem Sie sich entscheiden wollen. Sobald Ihre Entscheidung gefallen ist, handeln Sie konsequent, und bleiben Sie dabei.

Egal, wie Sie sich entscheiden, stehen Sie zu Ihrer Entscheidung, und machen Sie das Beste daraus. Wenn Sie z.b. eine Ausbildung in der Fremde abbrechen, sollten Sie zu Hause die Chancen ergreifen, die sich bieten, um eine Ausbildung zu absolvieren. Diese Ausbildung ist möglicherweise anders als diejenige, die Sie abgebrochen haben, aber falls Sie nur glücklich sind, wenn Sie in Ihrer Heimat lernen und arbeiten können, dann ist das der richtige Weg (und die richtige Ausbildung) für Sie.

Wenn Sie sich jedoch dazu entschlossen haben, die Ausbildung trotz Heimweh in der Fremde abzuschließen, versuchen Sie, mit Heimweh konstruktiv umzugehen (entsprechende Tipps finden Sie in diesem Buch) und einen möglichst guten Abschluss in möglichst kurzer Zeit zu erzielen.

Behalten Sie die Zeit, die Sie Ihr Heimweh ertragen müssen, im Blick, und sagen Sie sich z.b.: „Es sind ja nur noch drei Monate (bzw. ein anderer Zeitraum). Diese Zeit wird auch vergehen, und dann kann ich endlich nach Hause zurückkehren. Aber ich komme nicht mit leeren Händen nach Hause, sondern habe etwas aus mir gemacht. Ich möchte, dass es sich lohnt, dass ich eine Weile nicht in meiner Heimat sein kann."

Alles, was zählt, ist das Ergebnis Ihrer Entscheidung: Sie müssen damit zufrieden sein, dann haben Sie sich richtig entschieden.

Üben Sie, sich zu trennen

Das eigene Zuhause zu verlassen, bedeutet, sich von nahestehenden Menschen und Dingen zu trennen. Es bedeutet außerdem, Gewohntes und Vertrautes aufzugeben und mit Unsicherheit klar kommen zu müssen. Das ist manchen Menschen so unangenehm, dass sie ihre vertraute Umgebung lieber nicht verlassen.

Bei Kindern kommt es häufig vor, dass sie die Mutter nicht gehen lassen wollen, wenn sie zum Kindergarten oder in die Schule gebracht werden. Aber auch bei Erwachsenen kommt es vor, dass sie nicht aus ihrer Wohnung hinauswollen oder sich auf keinen Fall jemals vom Partner, einem Kind oder einem Haustier trennen wollen. In extremen Fällen geht es diesen Personen alleine schon bei dem Gedanken, sich zu trennen, körperlich und psychisch schlecht. Sie entwickeln übergroße Ängste und Sorgen, können nicht mehr gut schlafen, verlieren den Appetit, und glauben, ohne den Menschen oder den Ort, von dem sie getrennt werden, nicht weiterleben zu können. Glücklicherweise sind solche Fälle selten. Dennoch ist für Menschen, die zu Heimweh neigen, jede Trennung eine große Belastung.

Damit Trennungen ihren Schrecken verlieren, sollten sie geübt werden. Kinder sollten dabei von den Eltern und anderen Bezugspersonen unterstützt werden; Erwachsene können alleine üben, wobei die Unterstützung durch eine oder mehrere Personen aus ihrem Umfeld hilfreich wäre.

Das Prinzip des Übens von Trennungen besteht darin, ganz klein anzufangen und sich schrittweise zu steigern, bis Sie Trennungen als normal empfinden und es Ihnen nicht mehr schwerfällt, über längere Zeiträume und größere Distanzen von jemandem oder etwas getrennt zu sein. Auf diese Weise gewöhnen Sie sich an Trennungen, ohne zu sehr belastet zu werden, und Sie sammeln Erfahrungen damit. Im besten Fall sind diese Erfahrungen überwiegend positiv, sodass es Ihnen später nichts mehr ausmacht, sich für eine Weile zu trennen, ja dass Sie sich sogar auf Reisen oder andere Aufenthalte in der Fremde freuen.

Die ersten Trennungen sollten von kurzer Dauer und geringer Distanz sein. Sie können z.b. damit beginnen, in einem anderen Raum zu schlafen. Der nächste Schritt besteht darin, eine Nacht außerdem der eigenen Wohnung zu verbringen, z.b. bei Verwandten, Freunden oder im Hotel. Sobald dies problemlos gelingt, können die Aufenthalte außerhalb der eigenen vier Wände oder getrennt von einer wichtigen Person langsam ausgedehnt werden, bis Sie es kaum noch als belastend empfinden, z.b. 100 km und mehr oder 7 Tage und mehr von Ihrem Zuhause und von geliebten Menschen getrennt zu sein.

Folgende Punkte sollten Sie außerdem beherzigen:

- Überfordern Sie sich nicht. Gehen Sie immer nur so weit, wie Sie es einigermaßen aushalten können.

- Nehmen Sie etwas mit, das Sie beruhigt, z.b. ein Tuch, ein Stofftier, einen Talisman oder ein bestimmtes Bettzeug.

- Seien Sie stolz auf sich, wenn Ihnen wieder ein weiterer Schritt gelungen ist. Loben Sie sich ruhig selbst dafür, und lassen Sie sich von anderen ermuntern, weiterzumachen.

- Belohnen Sie sich für Erfolge mit einer Kleinigkeit, die Ihnen Freude bereitet.

- Setzen Sie verschiedene Strategien ein, um innere Spannungen und Heimweh, die während Ihrer Trennungen von zuhause auftreten, abzubauen, z.b. sich ablenken, sich entspannen, unter Menschen gehen, etwas Angenehmes tun.

- Verbringen Sie Ihre ersten Nächte auswärts bei Personen und in einer Umgebung, die Sie bereits kennen, z.B. bei Verwandten oder Freunden.

- Lassen Sie sich bei Ihren ersten Auswärtsübernachtungen begleiten, z.B. von einem Freund oder einer Freundin oder von einem Geschwister.

- Machen Sie keine größere Szene aus der Verabschiedung, sondern gestalten Sie die Trennung kurz und wenig emotional.

- Muntern Sie sich immer wieder selbst auf, und sprechen Sie sich Mut zu.

- Auch wenn es manchmal schwer fällt: Geben Sie nicht auf, sondern gehen Sie auf Ihrem Weg immer ein Stückchen weiter.

Sie werden sehen, dass Sie allmählich Routine darin gewinnen, sich zu trennen. Sie werden immer selbstsicherer werden, und es wird Ihnen kaum noch etwas ausmachen, aus dem Haus zu gehen. Wenn Sie dies geschafft haben, können Sie sich gratulieren, denn Sie haben sich ein Stück Freiheit erobert – Sie können nun kommen und gehen, wann und wohin Sie möchten, ohne dass Sie darunter leiden.

Übung: Relativieren Sie Heimweh

Wenn Sie Heimweh haben, sind Sie eventuell überzeugt davon, dass Sie der einzige heimwehkranke Mensch weit und breit sind und dass niemand so schlimmes Heimweh hat wie Sie.

Prüfen Sie, ob das wirklich so ist. Hören Sie sich vorsichtig um, sprechen Sie beiläufig über Heimweh (Sie müssen ja nicht gleich sagen, dass es um Sie geht), oder schauen Sie einmal in entsprechende Foren im Internet. Sie werden sehen, dass andere auch Heimweh haben, viele sogar sehr großes. Sie sind also nicht alleine auf der Welt mit Ihrem Problem – allein schon dieses Wissen macht es schon etwas einfacher. Vielleicht nehmen Sie auch Kontakt zu anderen Heimwehgeplagten auf, tauschen sich aus und tun gemeinsam etwas dagegen, dann haben Sie schon wieder einen Schritt getan, um mit Heimweh fertig zu werden.

Wenn Sie Berichte von anderen lesen oder hören oder in die Zeitung schauen, dann erfahren Sie oft von bewegenden Schicksalen. Es gibt weltweit unzählige Menschen, die aus Ihrer Heimat vertrieben werden und vielleicht nie wieder zurückkönnen, weil dort z.B. Krieg herrscht und Ihre Häuser, Dörfer oder Städte zerstört wurden, oder weil ein unmenschliches Regime dort regiert. Es passiert zudem immer wieder, dass die Heimat ausgelöscht wird, etwa durch Bergbau, Stauseen, Brände oder Lawinen. Es gibt viele weitere Beispiele für brutale und endgültige Verluste von Heimat.

Überlegen Sie sich, wie Ihre Situation im Vergleich dazu ist. Wenn Sie feststellen, dass Sie immerhin noch die Wahl haben, ob Sie zuhause oder woanders leben möchten, dass Ihre Heimat noch existiert, dass Ihr Aufenthalt in der Fremde nur befristet ist, und dass Sie im Prinzip nach Hause zurückkehren können, wenn Sie wollen, dann geht es Ihnen entscheidend besser als denen, die alles für immer verloren haben. Auch dieser Gedanke kann tröstlich sein, wenn Heimweh Sie wieder einmal befällt.

Nutzen Sie Chancen

Zu Verreisen bedeutet, etwas Gewohntes aufzugeben und sich auf etwas Neues einzulassen. Das kann einerseits aufregend sein, andererseits kann es einem Angst machen, denn man weiß ja nicht, was auf einen zukommt. Damit nicht Ängste, sondern Aufregung und Freude an einem Aufenthalt in der Fremde überwiegen, sollten Sie versuchen, vorwiegend das Positive daran sehen, wie z.b.:

- Sie werden ganz neue Leute kennenlernen, von denen einige vielleicht schon bald zu Freunden werden.

- Sie können Erfahrungen sammeln, die Sie möglicherweise zuhause nicht sammeln können.

- Sie werden Dinge sehen und Sachen erleben, die es bei Ihnen zuhause nicht gibt. Außerdem werden Ihnen vielleicht Chancen geboten, die Ihnen Ihre Heimat nicht bietet.

- Ihr Horizont wird sich erweitern. Sie werden nach einer Reise oder Ihrem Aufenthalt nicht nur mehr wissen und können, sondern vermutlich auch erfahrener, reifer und toleranter sein.

- Sie werden einmal mehr erkennen, wie interessant die Welt ist und was es alles zu entdecken gibt.

- Sie werden auf ganz neue Ideen gebracht.

- Sie erfahren, wie es woanders auf der Welt zugeht, und Sie werden dann Ihre Heimat mit anderen Augen sehen.

- Was Sie auf der Reise oder bei dem Aufenthalt lernen oder erfahren, kann Ihnen vielleicht nützlich sein, wenn Sie wieder zuhause sind.

- Sie werden möglicherweise stolz auf sich sein, dass Sie eine Zeit lang von zuhause weg waren und alleine klar gekommen sind, und Sie werden sich insgesamt selbstständiger, mutiger, selbstsicherer und zuversichtlicher fühlen.

- Sie werden erleben, wie schön Wiedersehensfreude ist und wie gut es tut, wieder nach Hause zurückzukehren.

- Vielleicht finden Sie auch Gefallen am Verreisen und werden zukünftig kaum noch Probleme damit haben, Ihr Zuhause zu verlassen. Das Reisen wird vielleicht sogar zu Ihrem Hobby oder zu einer Leidenschaft.

Überlegen Sie sich vor der Reise oder dem Aufenthalt ganz konkret, welche Chancen sich Ihnen dadurch bieten. Hier einige Beispiele:

- eine Fremdsprache erlernen oder verbessern,

- unbekannte Gerichte kosten und kochen lernen,

- neue Spiele und Sportarten kennenlernen und ausprobieren,

- Erfahrungen mit anderen Ländern und Kulturen sammeln,

- neue Leute kennenlernen und Freunde finden,

- eine Ausbildung machen,

- neue berufliche Fähigkeiten erwerben,

- eine Arbeit finden und die Möglichkeit haben, Geld zu verdienen,

- lernen, wie man in einer fremden Umgebung klarkommt,

- sich selbst besser kennenlernen.

Schreiben Sie Ihre persönlichen Chancen auf, und tragen Sie den Zettel bei sich, damit Sie ihn lesen können, wenn Sie Heimweh bekommen. Ihre Notizen erinnern Sie daran, was Sie sich erhofft haben, welche Ziele Sie erreichen möchten oder wie Sie von der Reise oder dem Aufenthalt profitieren möchten. Sie helfen Ihnen außerdem aus Ihrem Tief heraus und ermuntern Sie, Mut zu fassen, durchzuhalten und nach vorne zu schauen.

Wenn Sie Heimweh haben, denken Sie daran: Alles geht einmal vorüber – auch die Reise oder der Aufenthalt.
Bis dahin sollten Sie jedoch das Beste daraus machen, dann ist die Zeit nicht verloren und geht zudem schneller vorüber. Sehen Sie sich nicht als Opfer, sondern übernehmen Sie Verantwortung für Ihr Leben fernab der Heimat. Sie haben es in der Hand, aus der Reise oder dem Aufenthalt etwas Schönes und Gewinnbringendes zu machen. Erkennen Sie Ihre Chancen, und nutzen Sie sie. Dann wird nicht nur das Heimweh nachlassen, sondern Sie werden auch noch viel gewinnen.

Sprechen und schreiben Sie über Heimweh

Über Gedanken und Gefühle zu schreiben ist sehr hilfreich, denn Sie können sie dadurch ordnen und ausdrücken und fühlen sich anschließend erleichtert.

Schreiben Sie daher Ihre Gedanken und Gefühle zu Heimweh regelmäßig auf, z.b. in ein Tagebuch oder in ein Blog. Bedenken Sie jedoch: Was Sie in ein Tagebuch schreiben, bleibt geheim, in einem Blog werden Ihre Eintragungen hingegen öffentlich und somit anderen Personen bekannt. Das gilt auch für Briefe, E-Mails und für die Korrespondenz in Internetforen und sozialen Netzwerken.

Weshalb Schreiben hilft, um mit Heimweh und anderen Problemen fertig zu werden, weiß man nicht genau. Es wird vermutet, dass die häufige und regelmäßige Auseinandersetzung mit einem Problem dazu führt, dass man sich daran gewöhnt und das Problem somit an Brisanz verliert. Darüber hinaus entlastet es seelisch und mental, wenn man ein Problem jemandem anvertraut – und sei es nur dem Papier (oder dem Computer). Probieren Sie es einfach mal aus!

Ebenso wie das Schreiben wirkt auch das Sprechen über Heimweh erleichternd und befreiend. Allerdings sollten Sie sich gut überlegen, wem Sie sich anvertrauen. Am besten Sie sprechen mit einer Person, die Sie gut kennen, die

Verständnis haben wird und die etwas für sich behalten kann.

Das kann eine Person aus Ihrem persönlichen oder näheren Umfeld sein wie z.b. der Partner, ein Familienangehöriger, ein Freund oder ein Betreuer, es können aber auch professionelle Personen sein wie z.b. ein Arzt, ein Psychologe oder ein Psychotherapeut, ein Berater oder ein Geistlicher. Auch Zufallsbekanntschaften bieten sich manchmal an, um einmal über ein Problem zu sprechen.

Sie werden sehen, dass Sie Ihr Heimweh als weniger schlimm empfinden, wenn Sie darüber gesprochen oder geschrieben haben.

Lenken Sie sich ab

Wenn Sie Heimweh haben, kreisen Ihre Gedanken um das, was Sie zurücklassen mussten und was Ihnen fehlt. Das Nachdenken und Grübeln nimmt immer mehr zu, wenn Sie nichts dagegen unternehmen. Die Folge davon ist, dass Sie sich auf nichts anderes mehr konzentrieren können und dass Sie traurig und niedergeschlagen sind.

Sie können sich jedoch aus eigener Kraft aus dieser Abwärtsspirale befreien, indem Sie sich ablenken – am besten mit etwas, das Ihre Stimmung verbessert und Ihnen Freude bereitet. Da gibt es bestimmt vieles, z.b. die Lieblingsmusik hören, shoppen gehen, Sport treiben, sich mit anderen Leuten treffen oder einen spannenden Film ansehen.

Erstellen Sie eine Liste mit Dingen, die Ihnen Spaß machen und die Sie ohne Weiteres jederzeit und überall ausführen können. Tragen Sie die Liste bei sich, wenn Sie verreisen, damit Sie sie schnell zur Hand haben, wenn Sie Heimweh bekommen. Sie müssen dann nicht erst lange nachdenken, sondern brauchen nur einen kurzen Blick auf die Liste werfen, sich eine oder mehrere Aktivitäten aussuchen und sofort damit beginnen.

Es wird Ihnen anfangs möglicherweise nicht leicht fallen, etwas zu unternehmen, weil das Heimweh Sie lähmt. Aber wenn Sie sich erst einmal überwunden haben, werden Sie feststellen, dass es hilft, sich abzulenken, und dass Sie sich dank Ihrer Aktivitäten vielleicht mehrere Stunden gute Laune verschaffen können anstatt die Zeit mit Herumsitzen und Grübeln zu verbringen.

Natürlich hat diese Methode auch Grenzen. Man kann sich nicht immer und überall ablenken. Sollte es Ihnen überhaupt nicht gelingen, dann bitten Sie eine andere Person darum, Sie abzulenken und aufzuheitern. Wenn jedoch alles nichts hilft und Sie ungewöhnlich lange traurig und niedergeschlagen sind, sollten Sie sich professionelle Hilfe suchen.

Es gibt übrigens Aktivitäten, die sich besser zum Ablenken von Heimweh eignen als andere. Weniger geeignet sind z.B. stille, passive und einsame Beschäftigungen ebenso wie Aktivitäten, die eine ernste oder traurige Stimmung hervorrufen. Gut geeignet sind hingegen alle Formen geistiger Abwechslung, körperlicher Betätigung und sozialer Aktivität. Vermeiden Sie es daher, gefühlvolle Romane zu lesen, und schauen Sie sich lieber einen Actionfilm an.

Bleiben Sie möglichst nicht alleine, sondern sorgen Sie für Vergnügen und Entspannung, und begeben Sie sich unter Leute. Unternehmen Sie etwas, das Sie herausfordert und erfreut, stürzen Sie sich in Arbeit, oder engagieren Sie sich für eine Sache – das wird Ihnen das gute Gefühl vermitteln, dass Sie sich dem Heimweh nicht ausliefern, sondern dass Sie aktiv etwas dagegen unternehmen und nebenbei auch noch etwas Sinnvolles tun und etwas Schönes erleben.

Übung: Gewinnen Sie Abstand

Damit Heimweh Sie nicht ständig in irgendeiner Weise belastet, sollten Sie Wege finden, um sich zeitweise davon zu befreien. Mithilfe dieser Übung wird es Ihnen möglich, Ihre Gefühle zuzulassen, aber gleichzeitig auch Abstand davon zu gewinnen – denn beides ist gleichermaßen wichtig.

Besorgen Sie sich eine kleine Kiste, Truhe oder Schachtel. Es sollte ein hübsches Stück sein, das Sie gerne sehen und in die Hand nehmen. Sie können es auch selbst verzieren oder ihm eine persönliche Note verleihen. Ihre Schachtel (oder Kiste, Truhe) sollte mindestens so groß sein, dass darin Platz für Schriftstücke im DIN A4-Format, für Fotos und für einige kleinere Gegenstände ist.

Die Schachtel steht für Ihre Heimat. Darin können Sie alles aufbewahren, was Sie positiv an Ihre Heimat erinnert und Ihnen Kraft gibt. Das können Fotografien, Briefe oder Zeichnungen sein, ebenso Steine, Muscheln, getrocknete Blätter und Blumen, ein wenig Sand oder Erde aus der Heimat, oder vielleicht eine Puppe, ein Stofftier, ein Kleidungsstück und vieles mehr.

Stellen Sie die Schachtel an einen besonderen Ort, vielleicht in eine Vitrine. Geben Sie ihm einen Ehrenplatz ebenso wie Ihre Heimat einen wichtigen Platz in Ihrem Denken und Fühlen einnimmt.

Holen Sie sich die Schachtel, wann immer Sie sich mit Ihrer Heimat beschäftigen möchten. Nehmen Sie sich Zeit, um die Dinge anzufassen und zu betrachten und sich innerlich in Ihre Heimat zu versetzen. Dies soll Sie trösten, Ihnen Kraft geben und es ermöglichen, Gefühle zuzulassen.

Vermeiden Sie es jedoch, sich in Ihren Trennungsschmerz hineinzusteigern und ihn Überhand gewinnen zu lassen. Die Beschäftigung mit Ihrer Heimat soll Sie nämlich nicht zum Weinen bringen und Ihren Kummer verstärken, sondern sie soll Sie beruhigen und zuversichtlich stimmen. Probieren Sie daher aus, wie weit Sie gehen können, um eine positive und keine negative Wirkung zu erzielen. Manchmal hilft auch eine zeitliche Begrenzung. Geben Sie sich beispielsweise eine halbe Stunde, und dann schließen Sie die Schachtel wieder und stellen sie zurück an ihren Platz.

Es geht darum, die Handlungen – also das Herausholen der Schachtel, die Beschäftigung mit den Gegenständen, das Zurückstellen der Schachtel – auch emotional nachzuvollziehen. Indem Sie die Schachtel herausholen und sich mit Ihrer Heimat beschäftigen, lassen Sie Ihr Heimweh und Ihre Heimatliebe zu. Und indem Sie die Schachtel zurückstellen, begrenzen Sie Ihren Kummer, denn das Zurückstellen ist gleichbedeutend damit, Abstand zu den belastenden Gefühlen zu gewinnen.

Nehmen Sie Ihre Trennung von Ihrer Heimat als etwas hin, das momentan zu Ihrem Leben dazugehört. Aber es muss auch weitergehen. Schalten Sie daher nach einer Phase des Zulassens schmerzlicher Gefühle und Erinnerung innerlich um, und kümmern Sie sich um das Hier und Jetzt. Das gelingt recht einfach, wenn Sie sich mit irgendetwas Angenehmen und Sinnvollen beschäftigen, wenn Sie versuchen, bestimmte Erledigungen zu verrichten oder Ziele zu erreichen, und wenn Sie sich selbst in eine gute Stimmung versetzen.

Schaden Sie sich nicht

Heimweh ist eine quälendes Gefühl. Um es loszuwerden, tun Sie vielleicht Dinge, die Ihnen schaden, wie z.B.:

- zu viel Alkohol trinken

- rauchen

- Drogen oder Medikamente nehmen

- sich verletzen

- zu schnell fahren

- zu viel fernsehen oder zu viel am Computer sitzen

- zu viel arbeiten

- Streit suchen

- etwas zerstören

- sich isolieren

- bis zur Erschöpfung Sport treiben oder sich zu wenig bewegen

- zu viel Geld ausgeben

- viel Zeit mit sinnlosen Beschäftigungen verbringen

- zu viel oder zu wenig schlafen

- zu viel oder zu wenig essen

Sie versuchen vielleicht dadurch, sich vom Heimweh abzulenken, Ihre Frustration abzubauen oder sich zu betäuben. Indem Sie sich jedoch so verhalten und hohe Risiken eingehen, schaden Sie nur sich selbst und anderen. Ist es das wirklich wert? Nein, das ist es nicht. Es ist nie richtig, seine

Kräfte gegen sich selbst zu richten.

Versuchen Sie stattdessen lieber, sich mit sinnvollen und unschädlichen Möglichkeiten aus Ihrem Tief herauszuholen und sich abzulenken, abzureagieren und aufzuheitern. Dazu eignen sich z.b.: unter Leute gehen, Sport im normalen Umfang und mit vernünftigen Zielen treiben, sich entspannen oder etwas tun, was einem wirklich Freude bereitet. Kümmern Sie sich außerdem gut um sich selbst, indem Sie für genügend Schlaf und Erholung, gesunde Ernährung, regelmäßige Bewegung und gute Gesundheit sorgen.

Wenn Sie bewusst darauf achten, dass Sie gut und vernünftig mit sich selbst und mit anderen umgehen, dann können Sie auch besser mit Ihren Kräften haushalten. Diese Kräfte stehen Ihnen wiederum zur Verfügung, um sich in der fremden Umgebung einzuleben und wohlzufühlen, um bestimmte Ziele zu erreichen oder um die Reise oder den Aufenthalt gut zu überstehen. Sie helfen Ihnen außerdem dabei, wieder wohlbehalten nach Hause zurückzukehren.

Finden Sie Freunde

Wenn man sich weit entfernt von zuhause einsam und aus-geschlossen fühlt, bekommt man sehr schnell Heimweh. Daher ist es wichtig, dass Sie sich nicht isolieren und alleine bleiben, sondern sich mit Menschen umgeben. Gehen Sie auf andere Menschen zu, und versuchen Sie, neue Bekanntschaften und Freunde zu finden. Das können Menschen aus Ihrem direkten Umfeld sein, aber auch Men-schen, die Sie von Briefen oder aus dem Internet kennen.

Achten Sie jedoch darauf, dass diese Menschen einen posi-tiven Einfluss auf Sie haben. Im Zusammenhang mit Heim-weh bedeutet das:

- Der Umgang mit diesen Menschen ist für Sie erfreulich, wohltuend und aufbauend.

- Diese Menschen stimmen Sie fröhlich und zuversicht-lich.

- Diese Menschen haben gelernt, mit Heimweh umzuge-hen und etwas dagegen zu tun.

- Diese Menschen achten darauf, dass sie das Heimweh weder bei sich noch bei anderen verstärken.

- Diese Menschen haben gelernt, sich mit der fremden Umgebung einigermaßen zu arrangieren. Sie haben Möglichkeiten gefunden, um auch fern von zuhause klar zu kommen.

- Diese Menschen haben Verständnis für Sie, sie trösten Sie und muntern Sie auf.

- Diese Menschen bleiben nicht alleine oder unter sich, sondern sie suchen den Kontakt zu den Menschen in der fremden Umgebung.

- Diese Menschen nehmen positive Seiten an der fremden Umgebung wahr. Sie haben eine positive Einstellung gegenüber ihrer Reise oder ihrem Aufenthalt sowie gegenüber fremden Menschen und Orten.

- Diese Menschen schauen nach vorne und machen das Beste aus ihrer Zeit in der fremden Umgebung.

Heimweh verstärkt sich hingegen im Kontakt mit Menschen, die sich folgendermaßen verhalten:

- Sie isolieren sich.

- Sie bleiben nur in der eigenen Gruppe und unter Menschen, die sie bereits kennen und die so eingestellt sind wie sie.

- Sie akzeptieren und anerkennen die fremde Umgebung nicht und wollen nichts damit zu tun haben.

- Sie sehen nur das Negative an der fremden Umgebung. Sie denken und sprechen nur schlecht darüber.

- Sie öffnen sich nicht für neue Eindrücke oder Menschen.

- Sie geben sich ihrem Heimweh hin und tun nichts dagegen.

- Sie stecken andere mit Heimweh an und verschlimmern es.

- Sie sind abweisend und verschlossen.

- Sie bemühen sich nicht, sich auf ihre Situation einzustellen, sich anzupassen und sich für die fremde Umgebung zu öffnen.

Wenn Sie sich mit solchen Menschen umgeben, besteht die Gefahr, dass sich das Heimweh verstärkt und dass Sie immer verzweifelter werden. Suchen Sie sich deshalb lieber Menschen, die eine positive Einstellung haben und Sie darin unterstützen, sich in der fremden Umgebung einzuleben.

Übung: Seien Sie dankbar

Diese Übung hilft Ihnen dabei, zu erkennen, was wirklich wichtig ist, und dabei, das eigene Leid zu verringern. Überlegen Sie sich mindestens einmal am Tag – am besten vor dem Schlafengehen –, über was Sie sich freuen können und für was Sie dankbar sind.

Das können Dinge sein, die Sie an dem jeweiligen Tag erlebt haben, wie z.b. gutes Wetter, ein nettes Gespräch, ein Gewinn oder ein Glücksfall.

Es können auch Gegebenheiten aus Ihrem persönlichen Umfeld sein, wie z.b. dass Sie eine glückliche Beziehung führen, dass Sie Kinder haben und dass es Ihrer Familie gut geht, dass Sie gesund sind, dass Sie angenehm wohnen oder dass Sie in Ihrem Beruf zufrieden sind.

Darüber hinaus sollten wir alle immer wieder daran denken, wie gut es uns eigentlich geht, und was wir alles haben: Frieden, Demokratie, Meinungsfreiheit, Reichtum, Arbeit, Gleichberechtigung, Sozialversicherungen, eine sehr gute medizinische Versorgung und vieles mehr.

Wenn Sie sich Ihr persönliches Glück vor Augen führen, relativiert sich möglicherweise Ihr Kummer. Sie haben zwar Heimweh, aber insgesamt gesehen geht es Ihnen gut, und dafür können Sie dankbar sein.

Werden Sie aktiv

Heimweh befällt all jene, die sich zurückziehen, allein bleiben und passiv sind. Seien Sie daher nicht wie ein Patient, der untätig darauf wartet, dass ein Arzt ihn heilt, sondern seien Sie Ihr eigener Arzt. Nur Sie selbst können sich vom Heimweh heilen, und zwar indem Sie aktiv sind, indem Sie hinaus in die Welt gehen und indem Sie Kontakt zu anderen Menschen und zu Ihrer neuen Umgebung aufnehmen.

Aktivität gilt allgemein als probates Heilmittel, nicht nur bei Heimweh, sondern auch bei vielen anderen körperlichen und psychischen Beschwerden. Aktiv werden in einer fremden Umgebung können Sie in vielerlei Hinsicht, z.b. indem Sie

- alte Hobbys wiederentdecken oder ausbauen bzw. neue Hobbys entdecken,

- etwas Neues ausprobieren, kennenlernen oder erlernen,

- sich mit einem Wissensgebiet, einer Sportart oder mit etwas anderem intensiv beschäftigen – vielleicht entdecken Sie nebenbei ganz neue Talente, Interessen oder Hobbys,

- sich weiterqualifizieren und sich beruflich und persönlich weiterentwickeln,

- sich sozial oder ehrenamtlich engagieren und somit etwas Gutes und Sinnvolles tun,

- Kontakt halten mit Menschen, die Ihnen etwas bedeuten,

- sich intensiv mit Ihrer Heimat befassen und vielleicht zum Experten für Ihre Heimat werden; darüber hinaus sollten Sie sich aber auch mit Ihrer neuen Heimat beschäftigen,

- die Rückkehr in die Heimat gut vorbereiten, sobald der Zeitpunkt dafür gekommen ist,

- sich in Arbeit stürzen (allerdings sollten Sie es nicht übertreiben),

- die Vorteile oder Reize der neuen Umgebung entdecken und genießen,

- mit anderen zusammen reden, spielen, Sport treiben, musizieren, basteln, Ausflüge machen und vieles mehr.

Sicherlich fällt Ihnen noch mehr ein, was Sie tun können, um aktiv zu sein. Im Prinzip eignen sich alle körperlichen, geistigen, künstlerischen und sozialen Aktivitäten, die Ihnen Freude bereiten. Außerdem sollten sie entweder aufregend oder entspannend sein und eine gewisse Herausforderung mit sich bringen.

Was haben Sie davon, wenn Sie aktiv sind?

- Es bringt Sie auf andere Gedanken.

- Sie sind abgelenkt.

- Es verbessert Ihre Stimmung.

- Sie kommen relativ schnell in Kontakt mit anderen Menschen, sodass Sie nicht mehr alleine sind.

- Sie können anderen helfen und von ihnen etwas lernen.

- Sie entdecken immer mehr Dinge und Tätigkeiten, die Ihnen Freude bereiten.

- Sie werden in Ihren Hobbys immer besser und erfahrener.

- Sie erleben Erfolge und erfahren Zuspruch und Bestätigung.

- Sie fühlen sich kompetent, geschätzt und eingebunden.

- Sie empfinden Sinn und Zufriedenheit durch das, was Sie tun.

Um schnell aktiv werden zu können, sollten Sie sich Listen mit folgenden Stichpunkten erstellen:

- Was mir Freude bereitet/ meine Hobbys

- Was ich schon immer mal wissen, ausprobieren oder lernen wollte

- Was ich überall schnell und unkompliziert tun kann

- Was mich garantiert zum Lachen bringt oder in gute Stimmung versetzt

Notieren Sie sich Ihre persönlichen Antworten, und tragen Sie die Liste bei sich, oder hängen Sie sie gut sichtbar auf. Wenn Sie Heimweh haben, suchen Sie sich mindestens eine Aktivität aus, und beginnen Sie sofort damit.

Haben Sie mehr als eine Heimat

In Zeiten wie heute, in denen man oft aus privaten oder beruflichen Gründen verreist und vielleicht sogar ganze Lebensabschnitte in anderen Städten, Regionen oder Ländern verbringen muss, ist es schwierig, seiner Heimat treu zu bleiben. Damit die Zeit fernab des Orts, den man als Heimat empfindet, aber nicht ständig von Heimweh überschattet wird, kann es helfen, wenn man mindestens zwei Orte als Heimat empfindet oder wenn man den Ort, an dem man sich momentan länger aufhält, sich zur zweiten Heimat macht (man spricht dann auch von der „Wahlheimat").

Eigentlich ist es nicht schwierig, sich einen Ort zur neuen oder zweiten Heimat zu machen. Es kann Ihnen gelingen, wenn Sie z.B. offen und neugierig auf alles zugehen, sich überraschen lassen und alles aktiv erkunden.

Wichtig ist, dass Sie Menschen, Einrichtungen und Dinge in der neuen Umgebung entdecken, mit denen Sie sich wohl fühlen, die Sie als komfortabel empfinden und die Sie nicht mehr missen möchten. Dann können Sie sich nämlich schnell damit umgeben oder dorthin zurückziehen, wenn es mal weniger gut läuft, und Sie können sich mit ihrer Hilfe entspannen und in gute Stimmung versetzen, was Heimweh rasch vertreibt.

Es ist außerdem hilfreich, wenn Sie sich so gut wie möglich an die neue Umgebung anpassen, und wenn Sie umgekehrt Ihre neue Umgebung in Bereichen, auf die Sie Einfluss haben, so gestalten, dass Sie zu Ihnen passt (z.B. die eigene Wohnung). Je besser Sie und die neue Umgebung harmonieren und aufeinander abgestimmt sind, desto einfacher und angenehmer lebt es sich in der neuen Umgebung.

Außerdem ist wichtig, dass Sie versuchen, in erster Linie die Vorteile und positiven Seiten der neuen Umgebung zu sehen und für sich zu nutzen. Vielleicht gelingt es Ihnen ja auch, sich irgendwo einzubringen und etwas zum Positiven zu bewegen oder ganz neue Dinge entstehen zu lassen – auf diese Weise können Sie die neue Heimat sogar mitgestalten und fühlen sich vielleicht bald schon als Teil von ihr.

Viele Menschen, die häufig reisen oder umziehen, haben eine weitere Strategie, die ihnen dabei hilft, mit häufigen Ortswechseln umzugehen und Heimweh zu vermeiden: Sie machen ihr Heimatgefühl nicht an Plätzen, Gebäuden oder Orten fest, sondern z.B. an ihrer Arbeit oder einer Aufenthaltsgenehmigung – das bedeutet, für sie ist Heimat überall dort, wo sie arbeiten oder bleiben dürfen.
Andere machen ihr Heimatgefühl an Menschen fest. Von ihnen hört man oft den Satz: „Ich bin dort zuhause, wo Menschen sind, die ich mag und die mich mögen." Das ist oft die Familie, aber es sind auch Freunde, Bekannte,

langjährige Weggefährten, Gleichgesinnte oder einfach nur gastfreundliche Mitmenschen gemeint. Auf diese Weise kann man sich auf der ganzen Welt zuhause fühlen.

Um diese Sichtweise zu erlangen, darf man allerdings den Ort, an dem man geboren und aufgewachsen wird, nicht als erste und wichtigste Heimat empfinden, sondern muss sich in gewisser Weise davon lösen. Außerdem sollte man in der Lage sein, überall und jederzeit auf Menschen zuzugehen, Kontakte aufzubauen und sie zu pflegen – dank Internet und Videokonferenzsystemen ist letzteres heutzutage relativ einfach.

Übung: Suchen Sie einen inneren Ort auf

Diese Übung kann Ihnen dabei helfen, zur Ruhe zu kommen und sich zu entspannen. Überlegen Sie, an welchem Ort Sie sich besonders wohl fühlen oder in der Vergangenheit wohl gefühlt haben. Das kann ein realer Ort sein wie z.b. das eigene Zimmer, das Elternhaus oder ein Ferienhaus, ein Garten, Park oder Wald, ein See, ein Berg oder eine Insel, es kann aber auch ein fiktiver Ort sein, den Sie sich ausdenken und der nur in Ihrer Fantasie existiert.

Aber Vorsicht! Wenn Sie merken, dass die Vorstellung an einen bestimmten Ort Ihr Heimweh verstärkt, sollten Sie sich besser einen anderen Ort aussuchen oder ausdenken.

Ziehen sich in Ihrer Vorstellung an diesen Ort zurück, und malen Sie ihn sich genau aus: Was ist dort zu sehen, zu hören und zu riechen? Sind Sie alleine, oder ist jemand bei Ihnen? Was tun Sie dort?

Wichtig ist, dass Sie sich den Ort so denken, dass er Ihnen folgende Gefühle vermittelt: Sicherheit, Geborgenheit, Zufriedenheit, Frieden und Ruhe. Sie sollten sich dort absolut sicher und angekommen fühlen.

Wenn Sie Heimweh haben, sollten Sie sich immer wieder eine kleine Auszeit nehmen und an diesen Ort begeben. Er ist Ihre Zuflucht, um zur Ruhe zu kommen. Das Gute daran ist, dass dieser Ort immer zur Verfügung steht und Sie sich stets dorthin begeben können, wenn Ihnen danach ist.

Passen Sie Ihre Erwartungen an

Wer seine Heimat verlässt, um z.b. eine Ausbildung zu beginnen, seinen Beruf auszuüben oder seinem Partner zu folgen, erwartet oft viel von sich: Er will unbedingt etwas erreichen, es muss alles klappen, und alle müssen glücklich werden. Solche hohen Ansprüche sind einerseits positiv zu bewerten, denn sie geben ein Ziel vor und spornen dazu an, sich schnell einzuleben und zu funktionieren. Andererseits sind sie problematisch, weil sie alle Beteiligten unter Druck setzen und weil sie nicht realistisch sind.

Realistisch wäre es hingegen, mit weniger hohen Erwartungen an die Sache heranzugehen und einzukalkulieren, dass nicht alles so kommen und klappen wird, wie man es geplant hat. Denn in einer fremden Umgebung ist man zumindest am Anfang benachteiligt: Man kennt sich kaum aus, man hat fast keine Verbindungen und Kontakte, man kennt bestimmte Besonderheiten und Gepflogenheiten nicht und kann vieles nicht einschätzen. Aus diesem Grund ist es kein Wunder, dass nicht alles so reibungslos klappt wie vielleicht zuhause.

Es bringt Sie nicht weiter, perfekt sein zu wollen. Versuchen Sie stattdessen lieber, alles so gut, wie es Ihnen möglich ist, zu planen, aber rechnen Sie auch immer mit Unabwägbarkeiten.

Wenn Sie fremd sind in einer Umgebung, müssen Sie sich mit dem Gedanken vertraut machen, dass einiges langsamer geht, als Sie es von zuhause gewohnt sind. Sie werden außerdem für vieles (z.b. für Dienstleistungen, Beratung, Unterstützung) bezahlen müssen, was andere (z.b. Personen, die schon länger oder schon immer dort leben) vielleicht kostenlos oder einfacher bekommen.

Darüber hinaus werden Sie negative Erfahrungen sammeln („Lehrgeld bezahlen"), weil Sie einfach vieles nicht wissen oder erreichen können, und Sie werden auf verschiedenen Ebenen Abstriche machen müssen. Auf der anderen Seiten kommen einem manchmal Glück und Zufall zur Hilfe, sodass sich mancher Nachteil auch wieder ausgleicht.

Die erwähnte Benachteiligung sollte Sie jedoch nicht entmutigen, denn Sie können einiges dafür tun, dass es schon bald voran geht:

- Knüpfen Sie so viele Kontakte wie möglich, und greifen Sie auf Ihr neues Netzwerk zurück, wenn Sie Rat oder Hilfe benötigen.

- Seien Sie nicht zu stolz oder unabhängig, sondern nehmen Sie Hilfe an, wenn sie Ihnen angeboten wird.

- Greifen Sie auf offizielle Hilfs- und Beratungsangebote zurück.

- Ändern Sie Ihre Einstellung: Erwarten Sie vor allem am Anfang nicht zu viel von sich und Ihrer neuen Umgebung. Gehen Sie es stattdessen langsam an, und geben Sie sich Zeit.

- Freuen Sie sich über jeden noch so kleinen Teilerfolg.

- Ärgern Sie sich nicht zu sehr über Dinge, die nicht klappen.

- Verzeihen Sie sich kleine Irrtümer und Misserfolge.

- Betrachten Sie sich als Anfänger (in der neuen Umgebung), und gehen Sie auch so mit sich um, nämlich nachsichtig und geduldig.

Vermeiden Sie es, zu viele und große Pläne verfolgen zu wollen, denn damit erzeugen Sie nur Zugzwang. Reduzieren Sie lieber Ihre Planung, und setzen Sie sich kleine Teilziele. Diese sind nämlich viel eher zu erreichen als die ganz großen Ziele.

Und schließlich: Lassen Sie sich überraschen. Nicht alles kann oder muss geplant werden. Erwarten Sie einfach nichts, sondern bleiben Sie spontan und offen, und lassen Sie sich inspirieren – daraus ergeben sich oft die interessantesten Erkenntnisse und Entwicklungen.

Stehen Sie zu Ihren Gefühlen

Über Gefühle wie Zuneigung oder Liebe zur Heimat zu sprechen, ist heutzutage sehr aus der Mode gekommen. Während früher Heimatromane und -lieder boomten, gibt man heute nicht gerne öffentlich zu, dass man an seiner Heimat hängt. Man gilt als kauzig und verschroben, wenn man dies tut, denn gefragt ist heute der international orientierte Mensch („Weltbürger"), der selbstverständlich hoch mobil ist, ständig umzieht und um die Welt jettet. Anhänglichkeit und der Wunsch nach Beständigkeit, Verwurzelung und Geborgenheit erscheinen mittlerweile als veraltete Werte. Sie mussten neuen Werten weichen, die man im positiven Sinne als Offenheit, Flexibilität und Wandelbarkeit, im negativen Sinne als Entwurzelung, Beliebigkeit, Rastlosigkeit, Orientierungslosigkeit und Identitätsverlust bezeichnen kann.

Wenn Sie zu denjenigen gehören, die Ihre Heimat lieben und sie nicht gerne verlassen, dann haben Sie es heutzutage nicht leicht. Vielleicht wurden Sie schon öfter belächelt, wenn Sie sich zu Ihrer Heimat bekannten, und haben es sich deshalb angewöhnt, es nicht mehr zu zeigen. Stattdessen beißen Sie die Zähne zusammen, wenn Ihr Partner wieder mal umziehen will oder wenn Ihre Firma von Ihnen verlangt, in einer anderen Region oder einem anderen Land tätig zu sein. Sie erwähnen Ihre Heimatverbundenheit nicht und glauben, dass dies der „Preis der Moderne" sei und dass Sie bei der überall geforderten Mobilität zwangsläufig mitmachen müssen.

Das müssen Sie nicht. Niemand kann Sie dazu zwingen. Bleiben Sie dort, wo Sie sich am wohlsten fühlen, denn was nützt es Ihnen, an einem Ort zu leben, an dem Sie unglücklich sind?

Allerdings ist das Leben nicht immer so einfach. Oft scheint es so, als habe man keine Alternative. Zum Beispiel bietet der Heimatort kaum Ausbildungsmöglichkeiten oder Arbeitsplätze. Oder der Partner oder die Familie erwarten es, dass Sie dorthin ziehen, wo sie arbeiten oder leben möchten. Manchmal ist die Heimat auch nicht mehr vorhanden, weil sie z.b. zerstört wurde, sodass es kein Zurück mehr gibt.

Stehen Sie trotzdem zu Ihren Gefühlen, und machen Sie das Leben in der Heimat oder den engen Kontakt zur Heimat zur Priorität. Dann werden Sie auch relativ schnell individuelle Kompromisse und Lösungen finden:

Im Hinblick auf die Ausbildung oder auf Arbeit gibt es Lösungen wie z.B. ein Fernstudium absolvieren, einen anderen Beruf erlernen oder ausüben, eine freiberufliche oder angestellte Tätigkeit von zuhause („Telearbeit") ausüben und vieles mehr.

Was das Wegziehen dem Partner zuliebe anbetrifft gibt es ebenfalls verschiedene Arrangements, wie z.b. regelmäßiger Urlaub in der Heimat, häufiges Hin- und Herpendeln, nach der Berufstätigkeit wieder in die Heimat ziehen, zwei Wohnsitze haben, versuchen, mehrere Orte als Heimat zu empfinden, oder das Heimatgefühl an Menschen und nicht an Orten festmachen.

Seinen Gefühlen zu folgen ist oft der richtige Weg, denn sich ihnen ständig zu widersetzen oder sie zu ignorieren, kostet sehr viel Kraft, ist unbefriedigend und führt letztlich doch zu nichts. Akzeptieren Sie daher nicht automatisch, wenn Sie zum Verlassen Ihrer Heimat aufgefordert werden. Seien Sie dann aber auch flexibel, und ändern Sie Ihre Pläne dahingehend, dass Sie bleiben können, auch wenn es bedeutet, gewisse Nachteile zu erleiden oder Abstriche machen zu müssen. Alles, was zählt, ist, ob Sie persönlich es als richtig und stimmig empfinden, Ihr Leben so auszurichten, dass Sie in Ihrer Heimat leben oder eng mit ihr verbunden bleiben können.

Übung: Prüfen Sie und suchen Sie Alternativen

Heimweh zu haben bedeutet, über die neue Umgebung ausschließlich negativ zu denken. Und wenn man eine Meinung erst einmal gefasst hat, ist man schwer wieder davon abzubringen. Man bleibt dabei und sieht alles immer noch negativer. Als Folge davon wird man immer trauriger und hoffnungsloser.

Sie können sich aus diesem Teufelskreis jedoch befreien, indem Sie negative Gedanken hinterfragen, also prüfen, ob Ihre Einschätzungen der Realität entsprechen oder nicht.

Wenn Sie z.B. überzeugt sind, dass alle Menschen in der neuen Umgebung Sie ignorieren oder ablehnen, dann denken Sie sich Mittel und Wege aus, um diese Vermutung zu prüfen. Sprechen Sie beispielsweise mit anderen Personen, und fragen Sie, wie Sie sie sehen. Oder schlagen Sie eine gemeinsame Unternehmung vor, und beobachten Sie, wie andere darauf reagieren. Überlegen Sie auch, ob und wie einige Menschen in Ihrer neuen Umgebung Ihnen schon geholfen, Sie aufgenommen oder eingeladen haben.
Vielleicht haben Sie die positiven Signale Ihrer Mitmenschen bisher übersehen. Oder Sie wirken aufgrund Ihres Heimwehs so abweisend, dass sich noch niemand getraut hat, auf Sie zuzugehen. Es ist auch möglich, dass Sie es mit schwierigen Menschen zu tun haben, die es einem nicht leicht machen, sich zu integrieren.

Wie dem auch sei – es gibt immer mindestens einen Menschen, der anders ist und Sie nicht von vornherein ablehnt und Sie gerne näher kennenlernen würde.

Vielleicht sind Sie auch der Meinung, dass es in der neuen Umgebung auf keinen Fall so attraktive Einkaufsmöglichkeiten gibt wie in Ihrer Heimatstadt. Das mag in der Tat sein – dann aber gilt es, Alternativen zu finden. Schauen Sie sich um, welche Einkaufsmöglichkeiten vorhanden sind und ob diese irgendwelche Vorzüge haben, die Sie nur noch nicht entdeckt haben. Sie können auch Ihre Einkäufe aufschieben und sie ausschließlich tätigen, wenn Sie zuhause sind. Oder Sie weichen auf andere Wege aus und shoppen beispielsweise im Internet. Es gibt viele Möglichkeiten, um an das zu kommen, was man möchte.

Für den Fall, dass Sie absolut keine Alternativen finden, können Sie sich auch dazu entschließen, bewusst eine Weile auf das, was Sie vermissen, zu verzichten, und alles nachzuholen, sobald Sie wieder zuhause sind. Das ist besser als die ganze Zeit daran zu verzweifeln, dass man etwas entbehren muss.

Probieren Sie aus

Was Heimweh ist, glaubt vermutlich jeder von uns zu wissen. Dennoch ist Heimweh nicht gleich Heimweh. Es wird in jedem Lebensalter anders empfunden. Es gibt starkes und schwaches Heimweh. Es gibt Heimweh nach unterschiedlichen Dingen. Außerdem zeigt sich Heimweh bei jedem Menschen anders. Heimweh ist also eine sehr persönliche und variable Sache.

Das bedeutet, dass Sie herausfinden sollten, wann Sie mit Heimweh reagieren. Befällt Sie Heimweh z.b. wenn es ruhig um Sie herum ist, wenn Sie sich einsam fühlen, wenn es Ihnen nicht gut geht, wenn Sie enttäuscht wurden oder wenn jemand unfreundlich zu Ihnen war?

Befällt es Sie, wenn Sie Fotos von Ihren Lieben daheim betrachten? Wenn Sie mit Ihren Angehörigen zuhause telefoniert oder E-Mails ausgetauscht haben?

Befällt es Sie, wenn Sie ein bestimmtes Lied aus Ihrer Heimat hören, ein einheimisches Gericht essen, Menschen aus Ihrer Heimat treffen, Meldungen aus Ihrer Heimat lesen oder sonst in irgendeiner Weise an Ihre Heimat erinnert werden?

Dies sind nur einige Beispiele für Zeitpunkte und Situationen, in denen Heimweh typischerweise auftritt.

Möglicherweise ist dies bei Ihnen aber nicht so, und Sie bekommen in ganz anderen Situationen Heimweh. Beobachten Sie sich daher eine Weile, und notieren Sie, wann Heimweh Sie befällt: Was sind die Auslöser? Wie stark ist das Heimweh? Wie lange dauert es an? Gibt es etwas, das Ihnen dabei hilft, das Heimweh loszuwerden?

Wenn Sie Ihre Antworten auf diese Fragen jeweils gewissenhaft notieren, wissen Sie schon nach einigen Tagen oder Wochen, wie Ihr persönliches Heimweh aussieht. Sie wissen beispielsweise, was bei Ihnen Heimweh auslöst. Vermeiden Sie daher die Auslöser, so gut es geht. Oder Sie wissen, ob Sie schnell Heimweh bekommen oder stark darunter leiden. Sollten Sie zu denjenigen Menschen gehören, für die Heimweh eine große Belastung darstellt, dann sollten Sie unbedingt Methoden erlernen, um Heimweh gar nicht erst aufkommen zu lassen oder das Heimweh rasch zu verringern (z.B. mithilfe der Tipps in diesem Buch).

Außerdem erfahren Sie aus Ihren Notizen, was Ihnen hilft, mit Heimweh umzugehen. Das können bestimmte Gedanken und Aktivitäten sein, oder andere Menschen, die Ihnen beistehen. Merken Sie sich diese Hilfen, und greifen Sie darauf zurück, wenn Heimweh Sie befällt. Versuchen Sie darüber hinaus, weitere Hilfen für sich zu entdecken.

Wenn Sie sich mit Ihrem Heimweh beschäftigen, sollten Sie vielleicht auch einmal darüber nachdenken, was hinter Ihrem Heimweh steckt und weshalb Sie mit Heimweh reagieren. Wenn Sie z.B. unfreundlich behandelt wurden, dann sind Sie frustriert und wünschen sich zurück zu den freundlichen Menschen in Ihrer Heimat. Wenn etwas nicht so funktioniert, wie Sie es sich vorgestellt haben, dann sind Sie enttäuscht und glauben, dass es in Ihrer Heimat bestimmt besser klappen würde. Wenn Ihnen etwas fehlt, dann denken Sie daran, was Sie in Ihrer Heimat hatten.

Das mag teilweise stimmen. Ihre gedankliche Flucht in die Heimat und die Überzeugung „zuhause ist alles besser" löst jedoch nicht Ihre Probleme in der neuen Umgebung – im Gegenteil, es verschärft sie, weil Sie dadurch handlungsunfähig werden. Sie glauben nämlich, die Lösung liegt alleine darin, zurückzukehren, aber das ist nicht richtig und auch nicht immer möglich.

Wenn Sie Probleme mit Ihren Mitmenschen haben, dann sprechen Sie mit Ihnen. Wenn Ihnen etwas fehlt, dann beschaffen Sie es sich, finden Sie einen Ersatz, oder verzichten Sie darauf. Und wenn etwas nicht klappt, dann heißt das noch lange nicht, dass es in Ihrer Heimat klappen würde. Denn in Ihrer Heimat ist auch nicht immer alles perfekt. Auch dort gab und gibt es Probleme, auch dort funktioniert nicht immer alles – vergessen Sie das nicht.

Da Ihr Blick jedoch verklärt ist, idealisieren Sie Ihre Heimat und werten Ihre neue Umgebung ab – oft zu Unrecht. Seien Sie daher fair, und suchen Sie die Schuld nicht grundsätzlich bei der neuen Umgebung. Versuchen Sie stattdessen, konkrete Lösungen zu finden, um Ihre Probleme in der neuen Umgebung zu lösen. Und fragen Sie sich, ob Sie wirklich Heimweh haben, oder ob es andere Gefühle sind, wie z.B. Wut, Frustration oder Angst, die nicht durch die Trennung von zuhause hervorgerufen wurden, sondern andere Ursachen haben.

Eine Auseinandersetzung mit dem Heimweh ist nicht immer einfach. Dennoch lohnt es sich: Je besser Sie Ihr Heimweh und die Hintergründe dafür kennen, desto leichter fällt es Ihnen, richtig damit umzugehen und Heimweh zu vermeiden.

Lassen Sie sich helfen

Heimweh ist ein Problem, das viele lieber mit sich alleine ausmachen. Man spricht nicht gerne darüber, aus Angst, nicht ernst genommen oder ausgelacht zu werden. Besonders Erwachsene tun sich schwer damit, über Heimweh zu sprechen, weil es oft heißt, dass nur Kinder Heimweh haben und weil man als Erwachsener kaum auf Verständnis hoffen kann. Deshalb entscheiden sich einige dafür, ihr Heimweh für sich zu behalten und alleine damit klar zu kommen, andere wiederum vertrauen sich jemandem an und suchen sich Hilfe. Beides hat Vor- und Nachteile.

Falls Sie feststellen, dass es Ihnen nicht viel ausmacht, mit anderen über Ihr Heimweh zu sprechen, dann sollten Sie sich Menschen suchen, die Ihnen dabei helfen, mit Heimweh fertig zu werden:

- Das könnte jemand sein, der Verständnis für Sie hat und der Sie tröstet und aufmuntert.

- Es könnte jemand sein, der immer gute Ideen hat und der mit Ihnen etwas unternimmt, sodass Sie sich nicht mehr alleine fühlen.

- Es könnte eine Person sein, die Sie regelmäßig anruft, Ihnen schreibt oder Sie besucht und die sich um Sie kümmert.

- Es können auch verschiedene Personen sein, die ebenfalls Heimweh haben. Indem Sie mit ihnen sprechen oder sich gegenseitig schreiben, erfahren Sie, wie andere mit Heimweh fertig werden.

- Sie können Bücher (Biografien oder Ratgeber) lesen und Filme zum Thema anschauen.

- Sie können mit einem Menschen, der über Lebenserfahrung verfügt, sprechen.

- Sie können die Beratungsangebote von bestimmten Einrichtungen und Institutionen (z.B. psychosoziale Beratungsstellen, Kirchen) nutzen.

Verabschieden Sie sich von der Vorstellung, dass Sie niemanden brauchen, und öffnen Sie sich für die Hilfe durch andere. Nutzen Sie die bestehenden Angebote, und signalisieren Sie, dass Sie sich über Unterstützung freuen würden. Denn nur wenn andere davon wissen, können sie etwas für Sie tun.

Falls Sie jedoch den Eindruck haben, dass es Ihnen – obwohl Sie sich Hilfe gesucht und alles Mögliche ausprobiert haben – immer gleichbleibend schlecht geht oder dass sich Ihr Zustand sogar noch verschlechtert, dann sollten Sie sich professionelle Hilfe suchen. Gehen Sie zu einem Arzt Ihres Vertrauens, wenden Sie sich an Ihre Krankenkasse, oder suchen Sie direkt eine psychologische, psychotherapeutische oder psychiatrische Ambulanz, Klinik oder Praxis auf. Dort kann Ihnen bestimmt geholfen werden.

Übung: Erstellen Sie eine Rangliste

Heimweh ist zwar eine unangenehme Sache, es ist aber vermutlich längst nicht das Schlimmste, was man überhaupt erleben kann. Erstellen Sie eine Liste mit Dingen, die Sie persönlich als besonders schlimm und tragisch empfinden. Denken Sie z.b. an Unfälle, Umweltkatastrophen, Verluste, Todesfälle, Verletzungen, Krankheiten, Schmerzen, Kriege, Trennungen und vieles mehr.

Erstellen Sie nun eine Rangliste. Ganz oben steht das, was Sie am allerschlimmsten finden, danach das, was für Sie am zweitschlimmsten ist, usw.

Sobald Sie fertig sind, überlegen Sie, wo Sie Ihr Heimweh einordnen würden. Anhand dieser Einordnung sehen Sie, dass Ihr Heimweh im Vergleich zu anderen Katastrophen wahrscheinlich ein eher kleines Problem ist, mit dem man vielleicht sogar leben oder das man ganz aus der Welt schaffen kann. Wenn Sie sich das klar machen, werden Sie Ihr Heimweh sicherlich leichter ertragen können.

Setzen Sie Ihre Stärken ein

Sie haben bestimmt schon einige Krisen in Ihrem Leben überwunden, z.B. Liebeskummer, den Tod eines geliebten Menschen oder Haustiers, den Verlust von Geld oder eines Arbeitsplatzes, eine Trennung oder eine schwere Krankheit. Sie haben sie überlebt, Sie sind noch da. Wie haben Sie das gemacht? Denken Sie einmal an die schwere Zeit (oder an mehrere schwere Phasen) in Ihrem Leben. Was hat Ihnen geholfen? Was hat Sie dazu gebracht, durchzuhalten? Wie sind Sie mit der Krise fertig geworden?

Vielleicht sind Sie psychisch sehr widerstandsfähig und erholen sich von Rückschlägen schnell. Oder Sie sind in der Lage, Probleme auszublenden, bis das Schwierigste überstanden ist. Vielleicht ist es Ihnen auch möglich, in Schicksalsschlägen eine Botschaft oder einen Sinn zu sehen und sie sich zu erklären. Oder Sie schaffen es, alles mit Humor zu nehmen. Es kann auch sein, dass Ihnen jemand geholfen hat, indem er sich z.b. um Sie gekümmert, Sie getröstet und Ihnen einige Aufgaben abgenommen hat. Möglicherweise haben Sie auch ärztliche oder psychotherapeutische Hilfe in Anspruch genommen oder haben sich einem Geistlichen anvertraut. Einigen Menschen hilft auch ihr Glaube oder ihre Spiritualität über Krisen hinweg. Vielleicht haben Sie auch erlebt, wie andere Menschen mit schweren Schicksalsschlägen umgegangen sind und haben etwas von ihnen gelernt.

Wahrscheinlich haben Sie noch ganz andere Antworten auf die oben gestellten Fragen. Merken Sie sich Ihre Antworten gut, schreiben Sie sie vielleicht sogar auf. Denn das sind Ihre persönlichen Kräfte, Ihre Ressourcen und Stärken, die Sie nutzen können, um sich selbst aus einer Krise – aus jeder Krise, auch aus dem Heimweh – herauszuhelfen.

Überlegen Sie sich, wie Sie Ihre Stärken einsetzen können. Es müssen nicht alle auf einmal sein, sie können auch nacheinander zum Zuge kommen. Natürlich können Sie auch einige Stärken kombinieren. Möglicherweise entdecken Sie während Ihres Versuchs, mit Ihrem Heimweh fertig zu werden, auch noch ganz neue Seiten und Stärken an sich.

Suchen Sie nach positiven Seiten

Alles hat zwei Seiten – auch Heimweh. Wahrscheinlich denken Sie über Heimweh ausschließlich negativ. Versuchen Sie trotzdem einmal, seine positiven Seiten zu entdecken:

So zeigt sich in Ihrem Heimweh beispielsweise, dass Sie sehr an Ihrer Heimat hängen. Vielleicht wussten Sie das bisher noch gar nicht. Möglicherweise haben Sie sich auch noch nie bewusst Gedanken über Ihre Heimat und Ihr Verhältnis zu ihr gemacht.

Es wird außerdem deutlich, dass Sie sich zuhause wohl fühlen und dass Sie dort offensichtlich vieles vorfinden, das Sie zum Leben brauchen: Familie und Freunde, ein Haus oder eine Wohnung sowie eine Ortschaft oder eine Landschaft, die Ihnen gefällt. Sie identifizieren sich mit Ihrem Zuhause, fühlen sich eingebunden, sicher und geborgen und leben wirklich gerne dort – das sind doch im Grunde ein paar erfreuliche Erkenntnisse, oder etwa nicht? Von dort wegzugehen, bedeutet für Sie, Verluste hinnehmen zu müssen. Sie können nicht mehr über alles verfügen, was Ihnen vertraut, lieb und teuer ist. Stattdessen müssen Sie sich auf Neues einstellen und mit Unabwägbarkeiten rechnen. Sie erfahren durch Ihr Heimweh also über sich, dass Sie gegenüber Trennungen und Änderungen Ihres gewohnten Umfelds nicht gerade positiv eingestellt sind und im Grunde gerne ein konstantes, überschaubares Leben führen möchten.

Möglicherweise gehören Sie auch zu denjenigen Menschen, die nicht gerne Risiken eingehen oder etwas wagen, die Unsicherheit und Ungewohntes meiden und die gegenüber einer fremden Umgebung und bei Trennungen Ängste entwickeln. Das kann angeboren sein, aber auch erlernt. Vielleicht haben auch Ihre Eltern Probleme mit Abschieden und Trennungen, oder Sie haben eine Trennung einmal als sehr belastend erlebt. Dass Sie Heimweh haben, kann also etwas über Ihre Erfahrungen und Ihren Charakter aussagen.

Heimweh kann darüber hinaus einen enormen Antrieb darstellen und zu Handlungen verleiten, die man damit erst einmal nicht in einen Zusammenhang bringen würde:

- Heimweh inspirierte beispielsweise schon viele Künstler dazu, ihm Ausdruck zu verleihen, z.B. in Musikstücken und Liedern, im Tanz sowie in Gedichten, Fotografien, Romanen und Gemälden.

- Heimweh ist auch oft ein Anlass dafür, dass man seine Heimat zu schätzen lernt. Was vorher selbstverständlich war, erscheint in der Fremde plötzlich in einem anderen Licht. Man sieht oft erst dann, wenn man aus seinem gewohnten Umfeld herausgerissen wird, was man daran hatte und wie gut es einem ging.

- Heimweh kann dazu beitragen, zu reifen. Am Anfang ist es schwierig, und man muss Kummer, Schmerz und andere negative Emotionen ertragen. Wer dann jedoch nicht aufgibt, sondern bleibt und versucht, das Beste aus seiner Situation zu machen, kann Heimweh überwinden oder damit leben lernen. Er macht die Erfahrung, dass und auf welche Weise er Krisen im Leben überwinden kann. Dadurch wird er selbstbewusster und kann stolz auf sich sein.

- Heimweh kann dazu antreiben, etwas für seine Heimat tun zu wollen. Während man vorher vielleicht kein besonderes Interesse an seiner Heimat und ihrem Wohlergehen hatte, kann sich dies durch einen Aufenthalt in der Fremde schlagartig ändern. Wer Heimweh hat, nimmt sich nicht selten vor, seine Heimat wertzuschätzen und sich für sie zu engagieren, sobald er wieder zuhause ist – und tut das dann oft auch.

- Heimweh macht darüber hinaus verständnisvoller. Wer selbst Heimweh hatte, kann sich gut in andere Menschen hineinversetzen, die unter Heimweh leiden. Er belächelt das Problem nicht mehr, sondern versucht vielleicht sogar, Heimwehkranken zu helfen.

- Heimweh kann dazu veranlassen, sich wesentlich mehr als bisher mit der eigenen Heimat zu befassen und vieles zu erfahren, was man bisher nicht wusste. Manche Menschen werden erst, wenn sie ihre Heimat verlassen mussten, zu Experten für ihre Heimat.

- Heimweh kann Energien freisetzen, um sich schnellst möglichst einzuleben, einen Freundeskreis aufzubauen und in einer neuen Umgebung klar zu kommen – mit dem Ziel, das Heimweh loszuwerden.

- Heimweh zeigt einem, dass es etwas und/oder jemanden gibt, wonach man Heimweh hat und der einem etwas bedeutet.

- Heimweh erzwingt oft eine Auseinandersetzung mit den eigenen Gefühlen, mit der aktuellen Situation, mit Vergangenheit und Gegenwart, mit der Heimat, mit Erfahrungen und Persönlichkeitseigenschaften und vielem mehr. Es kann auf diese Weise dazu beitragen, dass man eine Menge über sich selbst lernt.

- Heimweh kann dazu antreiben, alles für die Rückkehr in die Heimat in die Wege zu leiten und z.B. sich dort eine Bleibe zu suchen, die Möbel zu zerlegen, seine Sachen zu packen, nicht mehr gebrauchte Gegenstände auszusortieren, den Umzug zu organisieren und vieles mehr. Es kann sogar der Antrieb sein, seine bisherigen Einstellungen zu ändern, sich neue Ziele zu setzen und seinem Leben eine andere Richtung zu geben.

Heimweh kann also manchmal enorme Kräfte freisetzen – sie sollten allerdings so eingesetzt werden, dass sie stets etwas Positives bewirken.

Übung: Sehen Sie klar

Wenn Sie Heimweh haben, sehen Sie die Welt um sich herum negativ: Es gefällt Ihnen nicht, Sie wollen mit niemandem etwas zu tun haben, Sie geben sich keine Mühe, und Sie wollen in Ruhe gelassen werden. Alles, was Sie sehen oder erleben, vergleichen Sie mit zuhause. Es ist, als ob Sie eine Brille mit schwarzen Gläsern auf hätten. Sie sehen keine Farben mehr, sondern alles ist düster. Je länger Sie durch diese Brille blicken, desto schlechter fühlen Sie sich, und desto mehr wünschen Sie sich, nach Hause zurückkehren zu können.

Versuchen Sie, eine Brille mit anderen Gläsern aufzusetzen – möglichst eine, deren Gläser nicht gefärbt sind, damit Sie klar sehen können. Wischen Sie Ihre negativen Gedanken beiseite, und überlegen Sie, wie Ihre Situation wirklich ist. Es hilft Ihnen vielleicht, Ihre Gedanken zu sortieren, wenn Sie sie notieren. Ziehen Sie einen Strich in der Mitte eines Blattes Papiers. In die linke Hälfte notieren Sie alles, was Ihnen in der neuen Umgebung nicht gefällt und was bei Ihnen Heimweh auslöst. Versuchen Sie dann gewissenhaft, für jeden negativen Punkt einen positiven Punkt zu finden, also Dinge, die Ihnen in der neuen Umgebung gefallen. Schreiben Sie die positiven Punkte in die rechte Hälfte. Sie werden sehen, dass Sie durchaus einiges auch positiv finden und dass es eventuell gute Gründe geben kann, zunächst einmal in der neuen Umgebung zu bleiben.

Diese Art, die Dinge zu betrachten, hilft Ihnen dabei, die vielen verschiedenen Seiten einer Sache zu erkennen und vielleicht auch zu schätzen. Denn nichts ist nur schlecht oder gut, schwarz oder weiß. Es gibt immer Schattierungen und Abstufungen, es gibt Farben und Nuancen. Daher ist Ihr Aufenthalt in der neuen Umgebung keinesfalls nur schlecht, sondern hat verschiedene Aspekte, die Sie berücksichtigen sollten und die Ihnen dabei helfen können, Ihren Aufenthalt als wichtige Erfahrung zu empfinden.

Seien Sie gut zu sich selbst

Wenn Sie unter körperlichen Schmerzen leiden, nehmen Sie vermutlich Medikamente, schonen sich und kurieren sich aus – kurz: Sie kümmern sich um sich und tun alles, damit die Schmerzen nachlassen und es ist Ihnen besser geht.

Gehen Sie genauso vor, wenn Sie Heimweh haben: Kümmern Sie sich so gut wie möglich um sich selbst, und versüßen Sie sich Ihren Aufenthalt in der Fremde. Was Ihnen gut tut, wissen Sie wahrscheinlich selbst am besten. Vielleicht hilft es Ihnen beispielsweise, ein warmes Bad zu nehmen, etwas Leckeres zu kochen, mit einer Freundin zu telefonieren, sich mit Pflanzen oder Tieren zu beschäftigen, durch einen Park zu spazieren, eine Reise zu planen, Ihre Wohnung zu dekorieren, Sport zu treiben, auf einen Berg zu steigen und die Aussicht zu genießen und vieles mehr.

Betrachten Sie sich als Patient, der zur Kur ist, und verschreiben Sie sich Ihre Kur selbst: Es gehört zu Ihrer Kur, alles zu dürfen und zu tun, was Sie im positiven Sinne auf andere Gedanken bringt, was Sie aufmuntert, und was Heimweh vertreibt.

Zu Ihrer ganz persönlichen Kur gehört auch, Pausen einzulegen, zur Ruhe zu kommen und sich zu entspannen – damit Sie wieder Kraft haben, um den Alltag in der neuen Umgebung zu bewältigen.

Natürlich hilft dies auch vorbeugend. Seien Sie geduldig, aufmerksam und freundlich gegenüber sich selbst, und sorgen Sie dafür, dass Sie sich wohlfühlen und Sie guter Laune sind, dann tritt Heimweh wesentlich seltener auf.

***Übung*: Sammeln Sie Kräfte**

Heimweh zehrt an den Kräften. Sie brauchen Ihre Kräfte jedoch, um Ihren Aufenthalt in der fremden Umgebung zu bewältigen und um gegebenenfalls in Ihre Heimat zurückzukehren. Suchen Sie daher gezielt nach Orten, an denen Sie sich regenerieren können.

Für einige Menschen ist dies die Natur. Denn die Natur ist immer wieder überraschend und erholsam, erfreulich und wunderschön. Gehen Sie in der neuen Umgebung hinaus, und suchen Sie nach einem Stückchen Natur, das Ihnen gefällt. Sie finden es im Prinzip überall: ein Fluss oder See, ein Wald oder Felder, Obstbaum- oder Blumenwiesen, ein Berg oder ein Gebirge und vieles mehr. Jede Jahreszeit und jede Tageszeit hat ihre eigenen Reize, die Sie nur zu entdecken brauchen.

Vielleicht haben Sie auch Gefallen an Natur, die von menschlicher Hand gestaltet wurde. Dann sind Sie in botanischen Gärten, Wildgehegen, Parks und Gärten aller Art genau richtig. Bewundern Sie die Anordnung unterschiedlicher Blumen, die Gestaltung von Flächen oder Bäumen, die Vielfalt von Pflanzenzüchtungen und die Kunst der Gärtner. Schlendern Sie an Blumenbeeten entlang und über gepflegte Rasenflächen, verweilen Sie auf einer Parkbank, oder legen Sie sich unter mächtige Bäume.

Es kann auch sein, dass Sie zu denjenigen gehören, die sich gerne in Gebäuden oder auf Plätzen aufhalten. Dann ist möglicherweise eine Kirche oder ein anderer, ruhiger, öffentlicher Raum der richtige Zufluchtsort für Sie. Aber auch eine Ecke in einem Lesesaal, ein Café, ein Hallenbad oder ein Museum können Orte sein, an denen Sie zur Ruhe kommen und Kräfte sammeln können. Indem Sie sich Ihre persönlichen Wohlfühlplätze in der neuen Umgebung suchen, schaffen Sie sich ganz nebenbei ein Stück Heimat.

Suchen Sie sich Vorbilder, seien Sie ein Vorbild

Jeder Mensch empfindet Heimweh individuell, und jeder geht anders damit um. Wie in diesem Buch beschrieben wird, gibt es konstruktive und destruktive Arten, mit Heimweh umzugehen.

Konstruktiv ist es z.b., sich zu beschäftigen und abzulenken, sich Hilfe zu suchen, seine Gefühle aufzuschreiben, sich gut vorzubereiten und Kontakt zu halten, für sich zu sorgen und das Beste aus einem Aufenthalt in der Fremde zu machen.

Destruktiv ist es z.b., sich zurückzuziehen und zu isolieren, passiv zu sein und zu grübeln, sich und anderen zu schaden und die neue Umgebung vor vornherein abzulehnen.

Kaum etwas spornt mehr an, sich mit Heimweh auseinanderzusetzen und konstruktiv damit umzugehen, als gute Vorbilder. Denn sie leben im Alltag vor, wie es geht. Sie sind zudem nicht theoretisch und allgemein orientiert, wie z.b. ein Ratgeberbuch, sondern sie führen ganz konkret vor, wie man sich in bestimmten Situationen verhalten kann, damit Heimweh besser wird. Es ist außerdem oft einfacher, von ihnen zu lernen, als aus Büchern, weil Abschauen und Nachmachen leicht fällt. Und man kann sie fragen und mit ihnen diskutieren, was man mit Büchern nicht kann.

Vorbilder sind Menschen, die ebenfalls Heimweh haben oder hatten, aber gelernt haben, damit klar zu kommen, oder es geschafft haben, es loszuwerden. Manche von ihnen hat das Schicksal besonders hart getroffen, etwa weil sie vertrieben wurden oder ihre Heimat vernichtet wurde, d.h. weil sie nie wieder zurück können. Umso bewundernswerter ist es dann, wenn einige es dennoch schaffen, sich mit der Situation zu arrangieren. Aber auch in weniger komplizierten Fällen von Heimweh ist immer wieder zu beobachten, dass sich die Betroffenen zu helfen zu wissen und ihr Heimweh in den Griff bekommen.

Vorbilder sind zudem Menschen, die Mut machen. Sie sind der lebende Beweis dafür, dass es für vieles, was ausweglos erscheint, Lösungen gibt. Sie zeigen, dass man nicht alleine auf der Welt mit seinem Problem ist. Und sie spornen dazu an, es ihnen nachzutun und auf keinen Fall aufzugeben.

Suchen Sie sich also Vorbilder. Sie finden sie beispielsweise in Ihrem Freundes- und Bekanntenkreis, vielleicht unter Kollegen und Mitstudierenden, in Ihrer Nachbarschaft, in einem Verein oder in einem anderen Kontext. Nutzen Sie darüber hinaus auch das Internet, um sich mit Menschen mit Heimweherfahrung auszutauschen. Manchmal erfährt man auch, wie andere mit Heimweh umgehen, wenn man einen Film schaut oder einen Roman liest.

Es gibt bestimmt vieles, was Sie von anderen lernen können. Vergessen Sie jedoch nicht: Es sind individuelle Wege, die Sie zum Teil direkt übernehmen können, aber manches wird Ihnen nicht möglich sein. Daher ist es wichtig, dass Sie gute Ideen, die Sie von anderen bekommen, an sich, Ihre Situation und Ihre Möglichkeiten anpassen und dass Sie darüber hinaus aber auch immer wieder eigene, neue Wege ausprobieren.

Seien Sie außerdem selbst ein Vorbild für andere. Geben Sie Ihr Wissen und Ihre Erfahrungen im Umgang mit Heimweh großzügig weiter. Wenn Sie z.b. Heimweh haben, stecken Sie andere nicht damit an, sondern kümmern Sie sich um sich selbst, und verschaffen Sie sich gute Laune. Wenn Sie von anderen Menschen umgeben sind, die ebenfalls Heimweh haben, dann versuchen Sie, sie aufzumuntern, mit ihnen etwas zu unternehmen und sie auf andere Gedanken zu bringen. Haben Sie Verständnis für Menschen mit Heimweh. Seien Sie für sie da, und zeigen Sie ihnen ganz konkret, was Sie selbst gegen Heimweh tun.

Für den Notfall

Hier finden Sie einige Tipps, die bei akutem Heimweh schnell helfen. Drucken Sie sich die Seite aus, oder kopieren Sie sie, und tragen Sie sie bei einem Aufenthalt außerhalb Ihres Zuhauses bei sich, damit Sie sie zur Hand haben, wenn Heimweh Sie befällt. Notieren Sie hinter jeden Punkt Ihre persönlichen Methoden, und versuchen Sie, die Liste mit weiteren Methoden zu erweitern, die Ihnen helfen, Ihr Heimweh zu verringern.

- sich ablenken
- sich beschäftigen
- sich aufmuntern, aufheitern, in gute Stimmung versetzen
- sich unter Menschen begeben
- mit jedem reden oder darüber schreiben
- sich bewegen
- singen, summen oder pfeifen
- sich beruhigen
- sich entspannen
- gut zu sich sein, sich verwöhnen
- Chancen und positive Seiten sehen
- eigene Kräfte und Fähigkeiten einsetzen
- inneren Abstand gewinnen
- Hilfe annehmen

Literatur

Brothers D: Homesickness, exile, and the self-psychological language of homecoming. International Journal of Psychoanalytic Self Psychology 2012; 7(2): 180-195

Eurelings-Bontekoe E, Brouwers E, Verschuur M: Homesickness among foreign employees of a multinational high-tech company in the Netherlands. Environment and Behavior 2000; 32(3): 443-456

Fisher S: Heimweh. Das Syndrom und seine Bewältigung. Bern: Huber 1991

Flett G, Endler N, Besser A: Separation anxiety, perceived controllability, and homesickness. Journal of Applied Social Psychology 2009; 39(2): 265-282

Iversson I: Inga hilft bei Heimweh. Amazon Createspace und Kindle Direct Publishing 2013

Killguss M: Identity and the need to belong: Understanding identity formation and place in the lives of global nomads. Illness, Crisis and Loss 2008; 16(2): 137-151

Larbig W: Krankheitsursache Heimweh. Medizin Mensch Gesellschaft 1982; 7(4): 211-219

Schmid G: Tod durch Vorstellungskraft. Das Geheimnis psychogener Todesfälle. Wien: Springer 2010

Scopelliti M, Tiberio L: Homesickness in university students: The role of multiple place attachment. Environment and Behavior 2010; 42(3): 335-350

Thurber C, Malinowski J: The summer camp handbook. London: Perspective Publishing 2000

Thurber C, Walton E: Preventing and treating homesickness. Child and Adolescent Psychiatric Clinics of North America 2007; 16(4): 843-858

Tognoli J: Leaving home: Homesickness, place attachment, and transition among residential college students. Journal of College Student Psychotherapy 2003; 18(1): 35-48

Uslucan H: Heimweh und neue Heimat: Psychische Adaptationsprobleme türkischer Migranten. Suizidprophylaxe 2007; 34(1): 33-37

Van Tilburg M, Vingerhoets A, Van Heck G: Determinants of homesickness chronicity. Personality and Individual Differences 1999; 27(3): 531-539

Van Tilburg M, Vingerhoets A, Van Heck G: Homesickness: A review of the literature. Psychological Medicine 1996; 26: 899-912

Watt S, Badger A: Effects of social belonging on homesickness. Personality and Social Psychology Bulletin 2009; 35: 516-530

Wills H, Stroebe M, Hewstone M: Homesick blues. The Psychologist 2003; 16(10): 526-528

Weitere Bücher und Websites

Aus Psychologie und Psychotherapie

Psychologie und Psychotherapie sind faszinierende Wissensgebiete. Viele Menschen möchten mehr darüber erfahren, wenn möglich aktuell und aus unabhängigen Quellen. Die Website „aus-psychologie-psychotherapie.jimdo.com" bietet eine Auswahl an Themen aus der klinischen Psychologie und der Psychotherapie. Es werden Links zu Artikeln zur Verfügung gestellt, die sich im Archiv des „Deutschen Ärzteblatts" befinden und von Dr. Marion Sonnenmoser ab 2002 verfasst wurden. Das Angebot wird ständig aktualisiert und erweitert.

Internet: **aus-psychologie-psychotherapie.jimdo.com**

Bye-bye homesickness – How to cope with homesickness

2014

Homesickness is very common. Not only children and teenagers suffer from it, but also adults. However, many people don't know how to combat homesickness.

The book „Bye bye homesickness – How to cope with homesickness – A self-help book" and the website „bye-bye-homesickness.jimdo.com" contain information about homesickness, e.g. how to avoid and reduce it and how to cope with it.

Internet: **bye-bye-homesickness.jimdo.com**
deutsche Version: **schluss-mit-heimweh.jimdo.com**

Echt schön – Wie Sie mit Ihrem Körper Freundschaft schließen

2012

Eine krumme Nase, zu viel Speck auf den Hüften oder faltige Haut – kein Mensch ist perfekt. Während die einen auch mit ihrem unvollkommenen Körper ein glückliches Leben führen, leiden andere übermäßig an ihrer Unzufriedenheit mit dem eigenen Äußeren – bis hin zu seelischen Problemen und Erkrankungen. Dass in Werbung und Castingshows nur junge und perfekte Körper präsentiert werden, verschiebt den Blick für die Realität und erzeugt zusätzlichen Druck.

Das Buch „Echt schön – Wie Sie mit Ihrem Körper Freundschaft schließen" macht Mut, sich diesem Schönheitswahn zu entziehen, und erklärt, wie man sich aus dem Teufelskreis der Selbstabwertung befreien und mit dem eigenen Körper Freundschaft schließen kann.

Internet: **www.patmos.de**

Einbruch in die Seele – Wie Sie mit einem Wohnungseinbruch fertig werden

2015

Einbrüche sind zu einem großen Problem in unserer Gesellschaft geworden. In nur wenigen Jahren ist die Zahl der Einbrüche sprunghaft angestiegen, und der Trend setzt sich unvermindert fort. Durch Einbrüche entstehen nicht nur finanzielle, sondern auch psychologische Schäden. Einbruchsopfer leiden z.B. unter Ängsten, dem Verlust des Sicherheitsgefühls und dem Eindringen in ihre Privatsphäre.

Das Buch „„Einbruch in die Seele – Wie Sie mit einem Wohnungseinbruch fertig werden – ein Selbsthilfebuch" und die Website „einbruch-in-die-seele.jimdo.com" geben Einbruchsopfern Informationen über Einbrüche und Einbrecher an die Hand. Sie klären über psychologische Schäden durch Einbrüche auf und stellen Strategien vor, um nach einem Einbruch seelisch wieder ins Gleichgewicht zu kommen.

Internet: **einbruch-in-die-seele.jimdo.com**

Heimweh bei Kindern vorbeugen und verringern

2016

Viele Kinder und Jugendliche, die ohne ihre Eltern verreisen, bekommen Heimweh. Es gibt jedoch zahlreiche Möglichkeiten, um Heimweh vorzubeugen und es während einer Reise, eines Ferienlagers, einer Freizeit, eines Schüleraustausch, eines Au-pair-Jahres und bei sonstigen Auswärts-Aufenthalten zu verringern.

In dem Buch „Heimweh bei Kindern vorbeugen und verringern – Ein Ratgeber für Eltern, Lehrer und Betreuer" und auf der Website „heimweh-bei-kindern.jimdo.com" wird beschrieben, wie Eltern, Lehrer und Betreuer Kindern bei Heimweh effektiv helfen und auch bei sich selbst Heimweh verhindern können.

Internet: **heimweh-bei-kindern.jimdo.com**

Integrieren leicht gemacht

2016

Jeder Mensch muss sich im Lauf seines Lebens in zahlreiche Gruppen integrieren, zum Beispiel in eine Familie, ein Arbeitsteam, einen Verein, eine Schulklasse, eine Nachbarschaft, eine bestimmte Gruppe oder in eine Kultur. Welche Voraussetzungen dafür nötig sind und wie es gelingen kann, sich und andere erfolgreich einzubinden, beschreiben das Buch „Integrieren leicht gemacht – So integrieren Sie sich und andere in Familien, Teams, Vereine, Gruppe und Kulturen" und die Website „integrieren-leicht-gemacht.jimdo.com" anhand von 25 Grundhaltungen und Strategien.

Internet: **integrieren-leicht-gemacht.jimdo.com**

www.ingramcontent.com/pod-product-compliance
Lightning Source LLC
Chambersburg PA
CBHW060421290526
45791CB00002B/841